突破型谈判
（进阶篇）
学会拒绝 拿到更多

THE POWER OF A POSITIVE NO

HOW TO SAY NO
AND STILL GET TO YES

［美］威廉·尤里（William Ury） 著

刘语珊 译

中信出版集团｜北京

图书在版编目（CIP）数据

突破型谈判.进阶篇.学会拒绝拿到更多/（美）威廉·尤里著；刘语册译.--北京：中信出版社，2023.12

书名原文：The Power of a Positive No: How to Say No and Still Get to Yes

ISBN 978-7-5217-5419-3

Ⅰ.①突… Ⅱ.①威… ②刘… Ⅲ.①谈判学－通俗读物 Ⅳ.① C912.3-49

中国国家版本馆 CIP 数据核字（2023）第 164003 号

Copyright © 2007 by William Ury
Simplified Chinese translation copyright © 2023 by CITIC Press Corporation
ALL RIGHTS RESERVED
本书仅限中国大陆地区发行销售

突破型谈判（进阶篇）——学会拒绝拿到更多
著者：　［美］威廉·尤里
译者：　刘语册
出版发行：中信出版集团股份有限公司
　　　　（北京市朝阳区东三环北路 27 号嘉铭中心　邮编　100020）
承印者：　北京通州皇家印刷厂

开本：880mm×1230mm 1/32　印张：9.25　字数：175 千字
版次：2023 年 12 月第 1 版　印次：2023 年 12 月第 1 次印刷
京权图字：01-2020-3530　书号：ISBN 978-7-5217-5419-3
定价：59.00 元

版权所有·侵权必究
如有印刷、装订问题，本公司负责调换。
服务热线：400-600-8099
投稿邮箱：author@citicpub.com

致莉珊娜，我的一生至爱

带着无尽的感激

N$

目 录

序 开始说"不" III
前言 "不"的伟大礼物 XI

第一阶段 准备

第一章 发现你的"是" 003
第二章 为你的"不"赋能 033
第三章 尊重你说"是"的方式 059

第二阶段 表达

第四章 表达你的"是" 089
第五章 说出你的"不" 115
第六章 提出一个"是" 141

第三阶段　贯彻始终

第七章　忠于你的"是"　163

第八章　强调你的"不"　189

第九章　协商达成"是"　215

结语　"是"与"不"的结合　237

致谢　247

注释　253

序
开始说"不"

"即便你的孩子只是感冒了，她也可能会死。"医生在我和我妻子即将结束这次诊疗时，可以说是毫不客气地宣布了这一消息。我的妻子抱着我们年幼的女儿加布里埃拉，恐惧让我们的心如坠冰窟。加布里埃拉出生时脊柱就有严重问题，这位医生的约诊只是我们在医疗系统中漫长旅程的开端——数百次咨询、数十次治疗和7年内7次大手术。尽管我们的旅程仍在进行中，但我可以很高兴地写道，虽然加布里埃拉面临着身体上的挑战，但她仍然是个健康快乐的孩子。回顾过去八年来与医生、护士、医院和保险公司错综复杂的谈判过程，我意识到这个过程调用了我多年来在帮助别人解决谈判问题的过程中学到的所有技能。我也意识到，对我个人来说，我需要培养的、可用以保护我的女儿和家庭的关键技能正是说"不"。

这个过程始于对医生的沟通方式说"不"——尽管他们的

意图是好的，但这种沟通方式在病患及其父母心中制造了不必要的恐惧和焦虑。然后我继续对一些行为说"不"，比如住院医生和医学生们在凌晨吵吵嚷嚷地闯进加布里埃拉的病房，像对待一个无生命的物体一样对待她。在我的工作中，这意味着对几十个邀请、请求和紧急要求说"不"，以将我的时间——我宝贵的时间——花在家人身上或研究医疗问题上。

但我的"不"必须友善。毕竟，医生和护士们掌控着我孩子的生命，他们自己也在这个功能失调、只能与每个病人待上几分钟的医疗系统中承受着巨大的压力。我和妻子需要学会在回答之前停顿一下，以确保我们的"不"强有力，但同时也有礼貌。

像所有良性的"不"一样，我们的"不"服务于更高层级的"是"。在这个情境中，这个"是"就是我们女儿的健康和幸福。简而言之，我们的"不"不是消极的"不"，而是积极的"不"，它们是在为保护我们的女儿并为她——也为我们自己——创造更好生活的可能性而服务的。当然，我们并非总能成功，但随着时间的推移，我们学会了给出更为有效的"不"。

这本书就是关于在生活的各个领域积极说"不"的关键艺术。

我是一名经过训练的人类学家——一个研究人类本性和行为的学者。我也是一个职业的谈判专家——一名教师、顾问和调解人。从个人所热衷的方面而言，我则是一个寻求和平的人。

从孩提时期起，我就目睹着家中的争吵。坐在餐桌旁，我总在想是否有比破坏性的争论与对抗更好的方式来处理我们的分歧。后来，我又在第二次世界大战结束仅15年后前往欧洲求学，当时关于战争的记忆依然鲜活，物质上的伤疤依然清晰可见，这更是让我思绪万千。

我们这代人始终成长在第三次世界大战看似遥远但持续存在的威胁之下——一场人类自身能否存续都存疑的战争。我们在学校有一个核弹掩体；深夜里与朋友们讨论想做的事，有时甚至会结束于对我们是否还会有未来的揣测中。我当时感觉到——而且现在更强烈地感觉到，必须有一种比用大规模杀伤性武器威胁彼此更好的方式来保护我们的社会和我们自己。

为了追寻解决这个困境的答案，我成为一名研究人类冲突的专业学者。我不满足于仅仅当一个观察者，我试图通过成为一名谈判专家和调解人来学以致用。在过去的30年里，我曾作为第三方尝试解决各种问题，从家庭纠纷到煤矿罢工、公司冲突，以及中东、欧洲、亚洲和非洲的种族战争。我还有机会听取数以千计的个人、数百个组织和政府机构关于如何在最具挑战性的情况下谈判并达成协议的看法，并且为他们提供建议。

在工作中，我目睹了破坏性争斗可能造成的巨大浪费和不必要的痛苦——破碎的家庭和友谊，毁灭性的罢工和诉讼，以及失败的组织。我去过战区，目睹了暴力袭击给无辜者带来的恐惧。也许具有讽刺意味的是，我也看到了一些情况，这些情况让我希望有更多的冲突和抵抗：配偶和孩子默默忍受虐待，员工受到老板的粗暴对待，或者整个社会都生活在极权独裁枷锁的恐惧当中。

以我在哈佛大学所教授的谈判项目为基础，我一直致力于打造更好的方法来处理我们的分歧。25年前[①]，罗杰·费希尔和我合著了一本名为《谈判力——哈佛大学突破型谈判术》（以下简称《谈判力》）的书，书中关注的是如何达成一份对双方都有利的协议。我相信这本书之所以能成为畅销书，是因为它让人们想起了他们可能早已知道，但经常忘记应用的常识性原则。

10年后，我写了《突破型谈判——如何搞定难缠的人》（以下简称《突破型谈判》）以回应我从第一本书的读者那里收到的最常见的问题：当对方不感兴趣时，你如何协商谈判？对于难以说服的人和艰难的处境，你如何争取"是"呢？

然而，多年来，我逐渐意识到，争取"是"只是大局的一半——而且恐怕是更容易的一半。正如我的一位客户、一位公司总裁告诉我的那样："我的人知道怎么得到'是'，但这不是问题所在。对他们来说，说'不'才是困难的部分。"或者，正如担任英国首相多年的托尼·布莱尔所说的："领导的艺术不是说'是'，而是说'不'。"确实如此，在《谈判力》出版后不久，《波士顿环球报》就刊登了一幅漫画：一名西装革履的男子

---

① 本书的英文原版首次出版于2007年。——编者注

向图书管理员要一本关于谈判的好书。"这本书很受欢迎。"图书管理员回答道，递给他一本《谈判力》。"我脑子里的可不是说'是'。"①那人反驳说。

到这时为止，我一直在假设破坏性冲突背后的主要问题是无法达成"是"——人们不知道如何达成一致。但我遗漏了一些重要的东西。因为即便人们达成了一致，这些决议往往也是不稳定的或无法令人满意的，因为真正本质性的议题已经被规避或被掩盖了，问题只是被延后了。

我慢慢意识到，主要的绊脚石往往不是无法达成"是"，而是更重要的无法达成"不"。有太多时候，我们做不到让自己在想说"不"或是知道该说"不"的时候说"不"。或者我们确实说了"不"，但说的方式会阻碍我们达成一致，破坏我们的关系。我们屈服于各种不当的要求、不公正，甚至是虐待行为——或者我们参与了一场破坏性的战斗，各方皆输。

当罗杰·费希尔和我一起撰写《谈判力》时，我们正在应对对抗冲突的挑战，以及在家庭、工作和更大的世界中日益增长的合作谈判需求。显然，达成"是"的必要性仍然存在。但现在，更直接、更迫切的需要是人们能够以积极的方式说"不"，能够在不破坏与对方的关系的情况下，为他们珍视的东西挺身而出。

---

① 《谈判力》的英文书名是 *Getting to Yes*（字面意思是"达成'是'"）。——编者注

"不"与"是"同等重要,而且"不"确实是有效达成"是"的前提。如果你不能对一个请求说"不",你就不能真正地对另一个请求说"是"。从这个意义上说,要达成"是",先得达成"不"。

这本名为《突破型谈判(进阶篇)——学会拒绝拿到更多》(以下简称《突破型谈判(进阶篇)》)的书完成了我心目中的"三部曲"——它开始于《谈判力》,接着是《突破型谈判》,最后是这本书。《谈判力》的重点是双方达成协议;《突破型谈判》的重点在另一方,克服他们对合作的反对和阻碍;《突破型谈判(进阶篇)》的重点则在于你,在于学会维护和捍卫你的利益。因为有逻辑的顺序应该是从你自己这一方开始的,所以在我看来,《突破型谈判(进阶篇)》与其说是前两本书的续集,不如说更像是一本前传。《突破型谈判(进阶篇)》为《谈判力》和《突破型谈判》提供了一个急需的基础。每本书都单独成立,但同时又是对其他两本书的补充和增益。

我认为《突破型谈判(进阶篇)》不仅是一本关于谈判的书,也是一本关于生活技能的书,因为所有的生活都是"是"和"不"的舞蹈。我们每个人在醒着的每一个小时都在被要求说"不",无论是对朋友、家人、老板、员工、同事,还是对自己。我们是否会说"不"以及如何说"不"决定了我们的生活质量。对我们来说,"不"可能是我们需要学会优雅、有效地说出的最重要的词。

提前解释一个关于语言的问题：我会用"对方"这个词来指代必须对其说"不"的另一个人或另一边，尽管有语法上的要求，我还是会把它与先行词"他们"一起使用，以避免不得不说"他或她"，或者选择一个性别而不是另一个性别。

再提前解释一个关于文化的问题：虽然说"不"是一个普遍的过程，但因为各地文化的不同，它可能会以不同的形式出现。例如，东亚的某些社会非常重视避免使用"不"这个词，特别是在关系密切的情况下。当然，在这些社会里，人们确实会说"不"，但会采取间接的方式。作为一名受过专业训练的人类学家，我对文化差异抱有极深的敬意。同时，我也相信积极说"不"的基本原则适用于不同的文化，只不过实施这些原则的具体技巧会因文化的不同而有所出入。

让我总结一下我的学习之旅。像大多数人一样，我发现在某些情况下说"不"很有挑战性。无论是在我的个人生活中还是在我的职业生涯里，我都曾在回想起来极其希望自己说"不"的情况下，最终说了"是"。有时，我陷入了攻击或回避的陷阱，但我实际上更应该让对方参与健康的冲突。《突破型谈判（进阶篇）》反映了我从自己的生活中学到了什么，也反映了我在与世界各地的领导者和管理者共事的30年中所看到和经历的事情。我最深切的希望是，作为读者，在阅读这本关于说"不"的基本艺术的书的过程中，你能像我在写这本书的过程中一样收获颇丰。

前言
"不"的伟大礼物

从最深的信念中发出的"不",

比一个仅仅为了取悦对方——甚至可能更糟糕的是,

仅仅为了避免麻烦——

而发出的"是"更好、更伟大。

——圣雄甘地

"不",这个在当今语言中最有力和最被需要的词也可能是最具破坏性的词,甚至对许多人来说,是最难说出口的词。然而,当我们知道如何正确地使用它时,这个词就能使我们的生活变得更好。

一个普遍问题

我们每天都会发现自己处在需要对我们所依赖的人说"不"的情境中。想象一下，所有要说"不"的场合都出现在最为普通的日子里。

早餐时，你的小女儿恳求你给她买一件新玩具。"不，"你回答说，试图守住底线，"你的玩具够多了。""求你，求求你了，我的朋友们都有。"你怎么说"不"才能让自己看起来不像个坏家长呢？

当你抵达公司时，老板邀请你到她的办公室去，请你在周末完成一个重要项目。然而，这个周末正是你和你的配偶一直期待的、你们非常需要的逃开琐事的休闲时间。但老板正在提出要求，而你的升职审查很快就会到来。你怎么才能说"不"，但又不破坏你与老板的关系，继而不威胁到你的晋升呢？

一个关键客户来电，要求你提前3周交付产品。基于过去的经验，你知道这会在内部产生多大压力，而且最终客户可能会对赶工生产出来的产品质量不满意。但这是你的关键客户，他们不会接受"不"的回复。你怎么才能说"不"，但又不破坏与客户的关系呢？

你正在参加一场内部会议，然而你老板的老板正在向你的同事宣泄怒火，攻击她的工作，侮辱她个人，并以堪称凌虐的方式来羞辱她。每个人都沉默、害怕、僵硬，但暗自高兴，因为这次被凌辱的是别人而不是自己。你知道这种行为是完全不恰当的，但是你怎么能开口说"不"呢？

你回到家，发现电话响了。来电话的是一个邻居，也是朋友，问你是否愿意在一个慈善委员会任职。他确实说了个好理由。"你所拥有的技能正是我们所需要的。"你的朋友劝道。你知道你已经过度付出了，但你怎么才能说"不"却又不会感到不舒服呢？

晚餐时，你的配偶提出了关于你的年迈母亲的问题，你的母亲已经相当高龄，很难独自生活，因此想来跟你一起生活。你的配偶坚决反对，并且敦促你打电话给你母亲并拒绝她。但你又怎么能对自己的母亲说"不"呢？

你在看晚间新闻，新闻里充满暴力和不公正的故事。种族灭绝正在一个遥远的国度进行着。孩子们饿得奄奄一息，而仓库里的食物正在腐烂。危险的独裁者正在开发大规模杀伤性武器。作为同一个社会中的一分子，我们如何才能对这些威胁说"不"呢？你开始思考。

就在你上床睡觉之前，你把狗放在了外面，它开始大声吠叫，吵醒了邻居。你命令它停下来，但它不听。显然，就连对狗说"不"也不容易。

听起来很耳熟吧？

这些情况有一个共同点：为了支持重要的东西，满足你或对方的需求，你必须对不受欢迎的要求或请求说"不"，对不合时宜或暴虐的行为，不起作用、不公平的情况或制度说"不"。

为什么要说"不"，为什么是现在说

说"不"一直都很重要，但也许它作为一项核心技能的重要性从未到达过现在的程度。

在工作中，我有幸周游世界，走访了几十个社会的数百个工作场所和家庭，与成千上万的人交谈。无论我走到哪里，我都能看到人们承受的压力越来越大。我遇到了一些管理者和专业人士，他们因过度工作而筋疲力尽。我看到人们为兼顾工作和家庭而挣扎，外出工作的女性的负担尤为沉重。我遇到的父母几乎无法和孩子一起度过有价值的时间；我发现孩子们的家庭作业和课程负担过于沉重，无忧无虑地玩耍的时间越来越少。所有地方的人都超负荷"运转"，不堪重压。我自己也是他们中的一员。

感谢知识革命，我们比以往任何时候都拥有更多的信息和更多的选择。但是，当生活节奏随着每一次所谓节省劳动力的技术进步而加快时，我们也就有了更多的决定要做，然而做出这些决定的时间却变少了。当人们因为手机和电子邮件而在工作面前无所遁形时，家庭和工作之间的界限也在被侵蚀。规则同样也在被侵蚀，偷工减料和扭曲道德标准的诱惑威力巨大。无论在哪里，人们都意识到自己很难再去设定和维持边界。

说"不"是当今最大的挑战。

"3A"陷阱

"不"可能是我们的词汇中最重要的词，但也是最难被妥善表达的。

当我问哈佛大学和其他地方的高管研讨会的参与者，他们为什么觉得说"不"很有挑战性时，我最常得到的答案是：

"我不想失去这笔交易。"

"我不想破坏我们的关系。"

"我担心他们可能会报复我。"

"我会丢掉工作的。"

"我感到内疚——我不想伤害他们。"

说"不"的核心挑战在于"行使你的权力"和"处理你的关系"之间的张力。行使你的权力虽然是说"不"的关键动作,但可能会让你与对方的关系变得紧张,而顾及你们的关系则可能会削弱你的权力。

我们经常使用3个"A"来解决这种权力与关系的困境。

迎合(Accommodate):当我们想说"不"的时候,我们会说"是"

第一种处理方法是强调与对方之间的关系,即使这意味着牺牲我们的关键利益。这就是迎合的方式。在迎合的情况下,当我们想说"不"的时候,我们会说"是"。

迎合通常意味着一个不健康的"是",它能换取一种虚假的暂时安宁。我答应了年幼的女儿买新玩具的要求,以免自己因拒绝给她想要的东西而感到内疚,结果我发现这只会带来越来越多的要求——我俩因此陷入了一个无穷无尽的不悦循环中。当老板要求你在你和另一半计划出游的那个周末加班时,你担心你会失去你想要的晋升机会,咬紧牙关屈服了,即便这意味着你的家庭生活将受到影响。在太多的情况下,我们为了走下去而选择迎合,即使我们知道这对我们来说并不是正确的决定。我们的"是"实际上是破坏性的"是",因为它会损害我们更深层次的利益。

迎合也会损害我们的组织。我组织的高管研讨会的一个参与者克里斯曾提供这样一个案例:"当时,我和我公司的同事一起正在做一笔 1.5 亿美元的巨额交易。我们为此付出了很大的努力,而且我认为我们已经做得很好了。就在交易敲定之前,我决定最后检查一遍数字。在我进行计算的时候,我意识到从长远来看,这笔交易对我们来说明显无利可图。但因为这笔交易让每个人都非常兴奋,大家迫不及待地想把它公之于众,所以我没有办法在这个时候把事情搞砸。所以我随了大溜——尽管我知道这个项目对我们不利,尽管我知道我应该直言不讳。然后,这笔交易就这么做下去了,并且正如我所担心的那样,一年后,我们开始清理一个巨大的烂摊子。如果现在我再面临这样的情况,我毫不怀疑我会大声说出来。这是一个代价高昂但很有价值的教训。"

想想看,克里斯害怕"把事情搞砸",特别是因为"这笔交易让每个人都非常兴奋"。我们都想被喜欢和被接受,没人想"做坏人"。这就是克里斯所担心的,如果他提起令人不快的事实,就会发生这样的事情——每个人的兴奋都会转化为对他的怒火,至少他担心的是这样的情况。因此,他继续推进并敲定了这笔交易,但后来他和其他人都非常后悔。

有一句谚语是这么说的,我们今天的问题有一半都来自我们在应该说"不"的时候说了"是"。我们在应该说"不"的时候说了"是"的代价高得不能再高。

攻击（Attack）：我们用糟糕的方式说"不"

迎合的对立面是攻击：我们行使自己的权力，毫不关心双方的关系。如果迎合是由恐惧驱动的，那么攻击就是由愤怒驱动的。我们可能会愤怒于对方的伤害行为，被无理的要求冒犯，或者只是对当下的情况感到沮丧。很自然，我们会猛烈抨击和攻击——我们会以一种伤害对方、破坏双方关系的方式说"不"。引用我最喜欢的一句来自安布罗斯·比尔斯的名言："在你生气的时候开口，你会说出你最后悔的话。"

让我们来看看这个案例：在州政府和州政府雇用的一家大公司的一大笔生意中，该公司负责建造和运行一个计算机系统，该系统用以帮助州政府管理支付给穷人、老年人和病人的款项。然而，一年才过了1/4，这个计算机系统就已经吃掉了该州可用预算的一半。州政府官员自然担心预算很快就会被用完，于是决定取消合同，从这家公司手中接管这个项目。官员们对这家公司感到愤怒，公司的管理者们也对政府感到愤怒，双方都将问题归咎于对方。

尽管如此，州政府官员还是有意愿从该公司处拿到这个计算机系统及其数据库，因为它包含了所有有价值的信息。这个计算机系统估值5 000万美元。对这家公司而言，该系统没有其他任何用途，如果不能将其出售给国家，系统就一文不值了。对州政府来说，这个系统当然值5 000万美元，因为重新创建数据库可能会花费他们更多经费——此外，他们没有时间重建。通常情况下，达成协议并不难，因为这份协议能够满足双方的利益。然而，双方的愤怒导致他们用破坏性的"不"发起了攻击，谈判沦为相互指责。双方都通过攻击对方来维护自己的利益。结果是协议没能达成，5 000万美元的价值化为乌有。10年后，该州和该公司仍陷于诉讼之中，每年要花费数十万美元的法律费用。双方都以惨败告终。

如果说我们的许多问题都源于在应该说"不"的时候说了"是"，那么肯定就有同样多的问题源于用糟糕的方式说了"不"，就像州政府及其企业供应商所做的那样。我们生活在一个冲突无处不在的世界——家庭、工作场合和更大的社会中，处处都有冲突。想想家庭纷争、艰难的罢工、董事会争斗和血腥的战争。每次人们互相攻击，他们真正想传递的信息是什么？世界上每一场破坏性冲突的核心，无论大小，都是一个"不"。尤其是恐怖主义已经成为当今最大的社会威胁，如果它不该被视为一种可怕的说"不"的方式，那它又是什么呢？

回避（Avoid）：我们什么都不说

第三种常见的做法是回避。我们既不说"是"，也不说"不"，而是什么都不说。回避是当今人们对待冲突的一种非常普遍的反应，尤其是在家庭或组织内部。因为我们害怕冒犯别人，招致他们的愤怒和反对，所以我们一言不发，希望问题会消失——尽管我们知道问题并不会消失。我们和伴侣一起坐在餐桌旁，冷漠地沉默。我们假装在工作中没有任何事情困扰我们，而实际上我们对同事的行为感到愤怒。我们忽视周围的人所遭受的不公正和虐待。

回避这种做法不仅会损害我们的个人健康，导致高血压和溃疡，还会侵害我们所在组织的健康，因为问题会恶化，直到变成不可避免的危机。

无论在生活的哪个领域，回避都是令人麻木的。马丁·路德·金曾经说："在我们对重要的事情保持沉默的那一天，我们的生命就开始结束了。"

组合

这3个"A"——迎合、攻击和回避——不仅仅是3种独立的方式。通常情况下,一种问题会溢出并融入另一种,组合的最终结果就是我所说的"3A"陷阱。

我们一般会从迎合对方开始。然后,我们自然而然会开始感到怨恨。在压抑了一段时间之后,我们就会在某个点上突然爆发,但事后会对攻击造成的破坏性影响感到内疚。因此,我们又退回了迎合或回避的状态,无视这个问题,并祈祷它会消失。我们就像一只困在迷宫里的老鼠,从一个盒子跑到另一个盒子,却永远吃不到奶酪。

在2004年4月冲击了荷兰皇家壳牌石油公司的危机中,这3种方式都在发挥作用,当时该公司被披露多报了高达20%的石油储量。[1] 荷兰皇家壳牌的公众声誉受损,信用评级被下调,而且董事长、勘探主管和首席财务官都失去了工作。

这份虚假报告的原因是,董事长坚持每从地下抽出一桶石油就必须记录一桶石油的储量——尽管有明确的证据表明,实践中无法支持这样的要求,但没有人有勇气说"不"。壳牌的勘探主管试图敲响警钟,但在董事长的压力下,他公开表示让步,尽管他私下里对此相当不满。一年多后,双方关系的紧张程度升级,在董事长给了勘探主管负面的人事评估后，后者用一封暴露在公众视野里的电子邮件进行了激烈的反击："我已经厌倦了在储备问题的严重程度上撒谎，也受不了由于过于激进或过于乐观的预订量而需要向下做的修正了。"

当董事长发起攻击，而勘探主管在迎合和攻击之间来回切换时，首席财务官则采取了回避的措施，希望问题能以某种方式消失。但问题并没有消失，最终导致了一场巨大的混乱，并给卷入问题的各方都造成了严重的后果。

出路：积极说"不"

幸运的是，我们有办法走出"3A"陷阱。这就需要你挑战一个普遍的假设——你要么可以利用权力来进行挑战（以牺牲关系为代价），要么可以利用关系来完成挑战（以牺牲权力为代价）。这个办法要求你同时使用这两种方式，让对方参与一种有建设性的和尊重彼此的对抗。

有一个人，我接下来将称他为约翰，他在觉得必须勇敢地对抗一位专横的父亲时就是这样做的——这位父亲恰好也是他的雇主。[2] 约翰在家族企业里工作，工作时间很长，导致他很少能陪伴在妻儿身边，即便在假期里也是如此。尽管约翰的工作量和承担的职责远远超过了他的同事——他的三个妹夫，但他的父亲给每个人发的工资都是一样的。他的父亲解释说，这一切都是为了避免偏爱所带来的不公。由于害怕与父亲产生冲突，约翰从未抱怨过，尽管他私下里对过多的工作和不公平感到愤怒。最后，约翰意识到有些事情必须改变。他鼓起全部勇气，决定为自己说话。

"在一次家庭晚宴上，我跟爸爸说我想和他私下谈谈。我告诉他，我想在即将到来的假期里和家人待在一起，我不打算再加班了，我也希望按比例为我的加班争取补偿。"

约翰表达得很强烈，但很有礼貌。父亲的反应其实并不像儿子所害怕的那样："爸爸接受得比我想象的好。我不是想要打败他。我只想站在自己的立场上——如果可以，我并不想冒犯他的立场。也许他感觉到了这一点：他说不加班没问题，我们也可以谈谈薪资问题。我能感觉到他既生气又自豪。"

此前，约翰认为这是非此即彼的选择，在保证他的权力和保有这段关系之间，他只能选择其一。由于担心父亲的反对，他一直在压制自己的权力——多年来一直如此。他既采取了迎合的方式，又采取了回避的方式。当他对父亲说"不"的时候，他才知道，在行使他的权力的同时，他也可以维持与对方之间的关系。这就是积极说"不"的意义所在。

一个积极的"不"其实是"是！不。是？"

一般的"不"从"不"开始，也以"不"结尾，但与之相反，一个积极的"不"其实是从"是"开始，也以"是"结尾的。

说"不"首先意味着对你自己说"是！"，意味着保护对你而言重要的东西。正如约翰对他的核心动机的描述："尽管我仍然关心父亲的想法，但我这么做并不是期望得到一个特定的回应。我这么做是因为我想：'如果你现在不说出来，你就没有自尊了！'"约翰向父亲表达"是"的开场白是："爸爸，我的家人需要我，我打算和他们一起过节。"

他接着给出了一个事实上的"不"以设定清晰的界限："我不会再在周末和节假日工作了。"

他最后以"是？"结尾——邀请对方达成一项尊重他需求的共识。"我的建议是，我们可以找到一种新的安排方式，让我在办公室就能完成必要的工作，同时我能把需要的时间花在我的家人身上。"

一个积极的"不"，简而言之，就是一个表达"是！不。是？"的过程。第一个"是"是在表达你的利益，其后的"不"行使着你的权力，第二个"是"则加深了你们的关系。一个积极的"不"会平衡权力和关系，同时也为你的利益服务。

要注意第一个"是"和第二个"是"之间的区别。第一个"是"关注内部，是对你自己利益的肯定；第二个"是"则关注外部，是邀请对方达成一份满足这些利益的协议。

积极说"不"的关键是尊重。积极的"不"与"迎合"之间的区别在于，你积极说"不"是在尊重自己，也在尊重对你重要的东西。积极的"不"与"攻击"的区别在于，当你对对方的要求或行为积极说"不"时，你依然尊重对方。用约翰的话来说，积极的"不"之所以有效是因为你站在自己的立场上，而非想冒犯对方的立场。

用一棵树来形容一个积极的"不"再合适不过了。树干是你的"不"——既直接又强大。但正如树干只是一棵树的中间部分一样，你的"不"也只是积极的"不"的中间部分。从树干向下延伸的树根是你的第一个"是"——一个支撑你更深层次利益的"是"。从树干生长出来的树枝和树叶则是你的第二个"是"——一个向可能达成的共识或关系延伸出来的"是"。果实就是你所追求的积极的结果。

说到如何为自己挺身而出，我们也可以从树上学到很多东西。树知道如何站得笔直，知道如何在向天空伸展的同时深深扎根。诗人威廉·巴特勒·叶芝就曾形容一棵栗子树为"深深扎根的绽放者"。这就是一个积极的"不"——一个像树干一样强烈的"不"，植根于一个更深层次的"是"，并绽放成一个更广博的"是"。

积极说"不"的3个礼物

根据古印度先贤的说法,宇宙中有3个基本的过程:创造、存续和转化。[3] 说"不"对这3个过程而言都是必不可少的。如果你能学会巧妙而明智地说"不",你就能创造你想要的东西,保护你所珍视的东西,并改变行不通的事物。这就是积极说"不"的3个礼物。

创造你想要的东西

每天,我们每个人都面临着大大小小的选择,对一个选择说"是"意味着不得不对其他选择说"不"。只有对那些抢占你的时间和精力的需求说"不",你才能为生活中那些对你来说真正重要的人和活动创造空间。有一个自相矛盾的秘密:在你真正说"不"之前,你不可能真正地说"是"。

在我职业生涯的早期,我从极其成功的著名投资者沃伦·巴菲特那里学到了这一点。一天,我们共进早餐时,他向我吐露,他创造财富的秘诀正蕴藏于他说"不"的能力当中。他说:"我整天坐在那儿看着投资提案。然后我开始说,'不','不','不','不','不','不'——直到我看到正是我要找的那个投资方案。然后,我才会说'是'。我要做的一切就是在我的一生中说几次'是',然后我就发了财。"每一个重要的"是"都要先经过一千个"不"。

"不"是定义你战略重点的关键词。以西南航空公司为例。它是美国最成功的航空公司,也开了全球廉价航空公司模式的先河。如果你仔细想想,你就会发现它的秘诀就是对客户积极说"不"。为了对成功和盈利说"是"(第一个"是"),它的策略是对预订座位说"不",对热餐说"不",对跨航空公司的行李转运说"不"。这三项服务之前被认为是基本的乘客福利,对这三项服务说"不"使西南航空能够以令人难以置信的高周转效率组织其飞机在机场的运行。这反过来又让西南航空对实惠的票价和能实现可靠而频繁的航班的便捷航线安排说"是"(第二个"是"),这也正是其客户最看重的品质。

保护你所珍视的东西

花点儿时间想一想所有对你来说重要的事情:你的个人幸福,你所爱之人的安全,你所属组织的成功,你所在国家的安全和坚实的经济基础。我们关心的几乎所有事情都会受到对方行为的影响或威胁。积极说"不"使我们能够设定、维护和捍卫关键的界限——个人的、组织的和社会的。这些界限对保护我们所珍视的东西而言至关重要。

看看洛杉矶的一群母亲是如何对周边社区的帮派中仿佛无法阻挡的青少年暴力潮流说"不"的。[4]起初她们感到完全无助，接着她们在祈祷中找到了力量，终于在一天晚上，她们从教堂冲到街上，开始与等待打架的青少年们对话。这些妇女与她们的儿子、侄子们交谈，给他们买碳酸饮料和饼干，并聆听他们的不满。令人惊讶的是，这些年轻人当晚并没有打架。所以母亲们在一个又一个夜晚来到街上。为了回应年轻人的忧虑，她们还创办了几家小企业，为年轻人提供工作机会，并提供化解冲突的培训。社区中的暴力事件大大减少了。母亲们的秘密就是积极说"不"。她们的第一个"是"是和平与安全，她们的"不"针对的是暴力，而她们的第二个"是"是帮助年轻人找到工作和建立自尊。

改变行不通的事物

无论你谈论的是工作中的组织变革、家庭中的个人改变，还是社会层面的政治或经济变革，每一次创造性的变革都是从有意识地对现状说"不"开始的。你可能会对工作场所的自满和停滞不前说"不"，对家庭生活中的背叛和虐待说"不"，或者对更大的社会环境中的不公正和不公平说"不"。

有个家庭里有一个儿子由于沉溺赌博，正在毁掉自己和家人的生活。因此，有一天，父母和兄弟姐妹聚在一起进行了一次"干预"，建设性地与这个儿子进行对质。他们首先告诉他，他对他们每个人有多重要（他们的第一个"是"），然后告诉他，他需要停止赌博（他们的"不"），否则就会失去他们的支持。他们请他到赌徒住院治疗项目寻求帮助（他们的第二个"是"）。面对这个积极的"不"，儿子同意了，得到了治疗帮助，戒了赌瘾，恢复了生活。

除了帮助你对对方说"不"，积极说"不"这个方法也可以帮助你对自己说"不"。几乎每个人都不时要面临对诱惑和自我毁灭行为——比如暴饮暴食或过度消费——说"不"的挑战。我们的回应通常是顺应这些诱惑，或者用自我批评来攻击它们，又或者只是简单地否认（回避）我们内心的想法。学会对自己积极说"不"——保护我们更高层次的利益，同时表现出对我们自己的尊重和同理心——对于如何让我们变得更好而言会是一种无价的帮助。

如何使用本书

积极说"不"这个方法是我所说的不同寻常的常识——一些我们直觉上理解但很少实践的事情，因为当我们想说"不"的时候，它违背了我们正常的冲动和反应。这本书将这种不同寻常的常识组织在一个实用的框架中，任何人都可以用它来维护自己，而不会破坏他们与对方的宝贵关系。

这本书分为三个部分（或者说阶段）。第一部分描述了如何为积极说"不"做准备；第二部分阐述了如何积极说"不"；第三部分展示了如何贯彻执行，把对方对你所说的"不"的抗拒转变为接受。这三个阶段对你的成功都至关重要。在这本书中，你会发现每个阶段都有三章——第一章关注你潜在的"是"，第二章关注你对对方的要求或行为说出的"不"，第三章关注你对积极的结果说出的"是"。

首先，你需要准备好积极说"不"——发现你的"是"，为你的"不"赋能，并尊重你自己走向"是"的方式。然后你要积极说"不"——表达你的"是"，坚持你的"不"，并提出一个"是"。最后也是最重要的一点，你要贯彻执行积极说"不"——坚守你的"是"，强调你的"不"，然后通过谈判达成你的"是"。

我相信，如果你在阅读这本书的过程中，时时刻刻在脑海中构建至少一个你在生活中想说"不"但非常有挑战性的情况，你将能得到更大的价值。随着这些章节一步一步地引导你遍历积极说"不"的过程，我十分建议你将这个过程应用于你的实际情况，并用它来帮助你制定一个有效的策略。

说"不"是我们每个人在家庭、工作和世界上都面临的两难境地。你所关心的一切——你自己的幸福和家庭幸福，你工作中的成功，以及更广大社区的健康发展——都取决于你在重要的时候说"不"的能力。这可能有巨大的挑战性，但积极说"不"的过程能让它变得更容易，因为积极说"不"是一种在不损害人际关系的情况下，让你可以站出来维护自己利益的方式。不管说"不"对你来说可能有多难，你都可以学会执行这个简单的三步法，并通过一些练习、耐心和努力来提高你的技能。实际上，你对这个过程越熟悉，它就越能成为你的第二天性。

一旦你掌握了积极说"不"的艺术，它就可能带给你最大的礼物：做真正的你，拥有做你真正想做的事情的自由。

第一阶段
准备

第一章
发现你的"是"

在创作中,唯一困难的是开始;

创造一片草叶并不比创造一棵橡树来得简单。[1]

——詹姆斯·拉塞尔·洛威尔

当我们说"不"的时候,我们犯的最大的一个错误或许就是从"不"开始。我们的"不"源于我们所反对的事物——对方的需求或行为。积极说"不"需要我们反其道而行之,以我们的目标为基础构建我们的"不"。不是从"不"开始,而是从"是"开始。把你的"不"根植于更深层次的"是"——对你的核心利益和真正重要的东西说"是"。

没有任何别的案例能比我自己的一位亲人的故事更能教会我这一点。他患有严重的酒精成瘾,而且因此差点儿让一场车祸夺去了他自己和其他人的生命。他多次尝试戒除酒瘾,但总是失败。然后，在他60岁的时候，正当所有的希望似乎都要破灭时，他在自己身上找到了说"不"和戒酒的意志。秘诀是什么？"我的长孙出生的时候，"他说，"我最想做的事情就是活得足够久，看着他长大。是他的出生促使我接受治疗并开始戒酒。从那以后，15年来，我一滴酒都没再碰过。"他希望能和孙辈一起生活的"是"——能够和他们一起玩耍，看着他们成长——激励了他对酒精坚决说"不"。

他的故事证明了一个我们每天都会面对的自相矛盾的事实：你说"不"的力量直接来自你说"是"的力量。

你说"是"是你说"不"的根本目的。所以，这个方法的第一步就是找出你的"不"背后的"是"。你越是深入剖析你的核心动机，你的"是"就越有力量，你的"不"也就越强大。

从被动到主动

要想成功地说"不"，最大的障碍并非对方——不管他们看起来可能有多难对付。最大的障碍就是我们自己，是我们过于人性化的反应倾向——带着强烈的情绪行事，但没有明确的目标。人类是反应的机器。我们的"不"往往是一种反应。我们出于恐惧和内疚而迎合对方,我们出于愤怒而攻击,我们出于恐惧而回避。要走出这个"3A"陷阱,我们就需要变得主动、有远见、目的明确。

有个关于武士和渔民的日本古代故事生动地描写了这个挑战。[2] 一天,武士去向渔夫讨债。"抱歉,"渔夫说,"去年我的收成非常糟糕,我恐怕没有钱能偿还你。"武士怒不可遏,拔出剑,准备当场杀死渔夫。

渔夫灵光一闪,大胆地说:"我一直在习武,师父教导我,永远不要因为愤怒而出击。"

武士看了他一眼,然后慢慢放下剑。"你的师父很睿智,"他平静地说,"我的师父过去也教过我同样的课,只是有时我会被愤怒冲昏了头。我会再给你一年的时间来还债,但如果少一分钱,我一定会杀了你。"

武士在深夜回到了自己的家。他悄悄地溜进门,不想吵醒他的妻子,但令他震惊的是,他发现床上躺着两个人——他的妻子和一个穿着武士服的陌生人。带着喷涌而出的嫉妒和愤怒,他举起剑想要杀死他们两人,但渔夫的话突然出现在他的脑海里:"不要因为愤怒而出击。"武士停了一瞬,深吸一口气,然后故意制造了些巨大的声响。他的妻子立刻就醒了,那个"陌生人"也醒了——原来是他的母亲。

第一章
发现你的"是"

"这是什么意思?"他大喊道,"我差点儿杀了你们两个人!"

"我们害怕有强盗,"他的妻子解释说,"所以我给母亲穿上了你的武士服,好把强盗吓跑。"

一年过去了,渔夫来见武士。渔夫高兴地对他说:"今年收成非常好,所以这是还你的钱,连本带利。"

"留着你的钱吧,"武士回答说,"你早就已经把债还清了。"

当你想说"不"的时候,记住武士的教训:不要因为愤怒而做出反应——甚至不要出于任何负面情绪,比如恐惧或内疚。深呼吸,在这种情况下专注于你的目标——你的"是"。问问你自己,你真正想要的是什么,真正重要的是什么。换句话说,从被动地专注于"不",转变为主动地专注于"是"。

本章勾勒出了一个可以帮助你的流程框架。正如武士所做的那样,你首先要停下来,冷静一下。然后你要开始问自己为什么。你为什么想说"不"呢?你潜在的利益、需求和价值是什么?一旦你回答了这个问题,你就可以明确你的"是!",也就是你保护对你最重要的东西的意图。

停下：去楼座

除非我们首先能够控制自己的自然反应和情绪，否则我们没有机会影响对方。

当我们想要对冒犯的行为或不恰当的要求说"不"时，我们自然会感到愤怒。但是愤怒可能会使我们盲目。在急急忙忙说"不"的时候，我们很容易忽视这个激励——推进我们的利益。恐惧也会阻碍我们追求目标。我们会事先想象对方对我们的"不"的反应。他们会怎么看我们或者对我们做什么？这会导致我们的关系、这笔交易以及我们的利益发生什么变化？如果会产生不利的影响，我们就会迎合对方，放弃自己的需求。内疚也有类似的效果。"我有什么资格说不呢？""我不配有自己的时间。""他们的需求比我的更重要。"

愤怒可以使人盲目，恐惧可以使人丧失能力，内疚可以使人软弱。

因此，我们面临的第一个挑战就是内部挑战。回想一下那个对专横的父亲同时也是自己的老板说"不"的男人的例子。用约翰自己的话说："我并不是勇敢地面对我的父亲，我是勇敢地面对我的恐惧！"正如约翰所认识到的，要得到他想要的东西，真正的障碍不是他的父亲，而是他自己的恐惧。"当我和他交谈时，所有需要采取的行动基本上就都已经完成了。"这才是关键所在。真正为自己挺身而出的行动发生在你的内在，发生在你说"不"之前。

这个内部行动从停下开始。停下是最重要的，因为它打断了你的自然反应，为你赢得了思考的时间，从而让你发现你的"是"。你可以停一秒、一个小时、一天，或者任何需要的时长。重要的是在继续你的"不"之前停下来，对你所面对的情况拥有一些看法。

我喜欢用"去楼座"这个比喻。楼座是一种你随时可以进入的超然的精神状态。想象一下，你作为一名演员站在舞台上，准备说出你的台词——你的"不"。现在想象你自己站在剧院的二楼楼座上俯瞰舞台，那是一个你可以从远处清楚地看到布景的地方。剧场楼座是一个有广阔、安静和清晰的视角的地方。从剧场楼座的角度来看，你会更容易发现你的"不"背后的"是"。

20 世纪 90 年代中期，俄罗斯和车臣领导人就如何结束车臣的悲惨战争进行了一次艰难的讨论，我被要求主持这次商讨。也是从这次会议中，我开始真正理解了"去楼座"。这次讨论是在位于海牙的和平宫举行的，会议室正是南斯拉夫问题国际刑事法庭的会议室。车臣副总统在他的长篇演讲一开始，就对俄罗斯人做了一系列激烈的指责，称他们就应该待在那个房间里，因为他们很快就会因战争罪行而受审。然后他转向我，直视我的双眼，开始攻击："你们美国人一直在支持俄罗斯人犯下的战争罪行！更重要的是，你们侵犯了波多黎各人民的自决权利！"他持续进行指控，而桌旁的其他人看着我，想知道我会如何回应。我会对这一轮指控说"不"吗？

我的防御心油然而生，同时心烦意乱，想着："我不喜欢这次谈话转折的走向。他为什么要攻击我？我只是来帮忙的。波多黎各？我对波多黎各了解多少？"我感到很被动。我应该受到这种对待吗？我应该以同样的方式回应吗？我应该什么都不说吗？

幸运的是，翻译时间给了我一个"去楼座"的机会。我深吸了一口气，试着让自己冷静下来。我记得，我们的目的是努力给车臣和俄罗斯人民带来和平——我的"是"。在此基础上，我准备对这种不会给我们带来任何帮助的指责说"不"。

轮到我回应时，我只对车臣副总统说："我听到了你对我国家的批评，而我认为这是一个信号，表明我们是朋友，可以坦率地交谈。我知道你们的人民遭受了巨大的痛苦。我们在这里要做的就是找到一种方法来制止车臣的苦难和流血事件。让我们试着拿出一些今天可以采取的实际步骤。"讨论又回到了正轨。"去楼座"让我发现了我的"是"。

暂停一下

如今，思考的时间是最稀缺的资源。只要有可能，就找机会去楼座，这样你就可以反思你的"是"了。

当你想暂停一下的时候，一些常用话术就可以派上用场了。如果另一个人提出了你不乐见的要求，你可以说：

- "很抱歉，现在不是谈论这件事的好时机。我们今天下午再谈这件事吧。"
- "让我考虑一下，明天再联系你。"
- "我需要咨询一下我的搭档。"
- "让我先打个电话确认一下。"

如果另一个人表现得很有攻击性，你可以用这样的话术：

- "我们为什么不休息一下呢？"
- "暂停5分钟。"
- "可以稍等一下吗？我需要再来一杯咖啡。"

我的一位藏族朋友阿楚克曾告诉我："'是'和'不'是非常重要的词语，但有时另一个非常重要的词是'等一下'。有时候你不知道该说'是'还是'不'，所以最好的回答是'等一下'，这样你就有时间做决策了。"阿楚克是对的。在说"不"之前，明智的做法通常是等一下。

在暂停期间，走出房间一小会儿。利用这段安静的时间来思考或咨询一下同事。想象一下，一位客户正催促你，而你担心这可能是一个不切实际的交货日期。在他面前，你可能会倾向于同意，但在与你的同事通了电话后，你意识到这将是一个巨大的错误。在回应之前给自己一个反思的机会，可以让被动的"是"变成截然不同的主动的"不"。

如果你感到愤怒或害怕，出去散散步或做你最喜欢的运动。让你的肌肉活动起来，让你的心跳加速，这样可以帮助你发泄愤怒、减少恐惧，然后到你要说"不"的时候，你会处于一种平静和平衡的状态。

聆听你的情绪

让我们做出直觉反应的是我们的负面情绪。恐惧和内疚驱使我们迎合或回避，而愤怒驱使我们攻击。发泄我们的情绪只会阻碍我们追求自己的目标，然而，压抑我们的情绪也不起作用。比起让我们的感觉消失，压抑它们只是把它们驱赶到了地下，等到不合时宜的时候，它们还会流露出来。

幸运的是，还有第三种方法可以用来处理我们的情绪，它远没有发泄那么戏剧性，也比压抑情绪所带来的压力小得多。感知你的情绪，并在这样做的过程中控制它们，而不是让它们控制你。处理负面情绪最有效的方法不是把它们宣泄出来，而是聆听它们。

以我的一个朋友为例,她在说服自己3岁的女儿去幼儿园的问题上,遇到了不小的麻烦。每当到了上学的时候,女儿就会发脾气,大吵大闹,坚持待在家里。这位母亲不知道如何有效地说"不"。她同时感受到了痛苦、恐惧、内疚、愤怒和沮丧,在强硬地坚持(攻击)和屈服于女儿的脾气(迎合)之间摇摆不定。

有一天,这位母亲采取了不同的策略。她花了些时间来准备她的"不",与一位密友谈论她的感受。在朋友的帮助下,她终于能将她的焦虑回溯到自己对爱和归属感的需求。她开始意识到,她对送孩子上学的焦虑来自她童年时被她的母亲抛弃的感觉。她知道自己爱女儿,送她上学并不是一种抛弃的形式,所以她最终能够放松下来,放下她所感受到的焦虑。第二天,她对女儿坚持待在家里的要求只说了一句:"你今天要去上学。"没有犹豫,没有怒气,只是一则实事求是的声明。令她惊讶的是,女儿没有抵抗,也没有哭闹,而是安安静静、心甘情愿地去上学了。

当你把你的情绪追溯到你潜在的需求时,一个微妙的转变可能会发生,就像我朋友所经历的那样。一旦你真正理解了你情绪中所隐藏的信息,一旦它们传递了信息并完成了任务,它们的强度通常就会减小,你会变得更冷静、更专注、更有效率。当你真正听到了你的感受时,你并不需要把它们宣泄出来。

所以，从发掘你的恐惧、愤怒或内疚开始吧。认识到它们是你对对方的需求或行为的自然反应，像听好朋友的话一样聆听它们，让它们向你充分展示自己。

像一个中立的观察者一样观察你的情绪："我注意到我内心有一些愤怒的感受。"你并不是冷淡和疏离的，而是带着兴趣和担忧研究你的情绪，就像一个朋友可能会做的那样。向你的朋友描述这些情绪，或者把它们记在日记里，都可能对你有所帮助。

想象你正在"拥有"或"体验"你的情绪，而不是"成为"它们。想想"我很生气"和"我内心有一种愤怒的感觉"之间的区别。第一种状态直接将你等同于你的情感，它听起来几乎就是你的全部。当你就是自己的情绪时，你可能会自然而然地想把它们表现出来。相反，"拥有"的语言可以让你体验情绪，而不会感觉到被它们占据。你拥有感情，而不是它们占据你。

不断问自己为什么

一旦你站在剧场楼座上并控制住了自己的情绪，你就可以开始挖掘你的"不"的潜在动机了。一个简单但强大的技巧就是不断问自己一个有魔力的问题:"为什么?"

发掘你的利益

"不"是一个立场,是一个具体的站位,是一种对你不想要的事物的宣告。相比之下,利益是隐藏在"不"背后的需求、欲望、抱负和顾虑。如果你的立场是对同事在办公室吸烟的行为说"不",你的利益可能是对新鲜、干净的空气和健康肺部的渴求。利益是立场背后无声的推动者和驱动力。换句话说,利益就是你想对它说"是"的东西。

想一想你到底想对什么说"不"。你想拒绝的指令或要求是什么?你认为什么行为是不恰当的或冒犯的?在你的脑海中描绘这一点——要非常具体和详细。

现在问问你自己,你的"不"背后隐藏的"是"是什么。答案并不总是那么显而易见。虽然我们通常都知道自己的立场,但我们往往没有去探究我们的根本利益。

我记得在一次调解的过程中,我与一场独立主义运动的指挥官们待了几天,他们已经为他们人民的独立斗争了25年。换句话说,他们一直在给出非常响亮和暴力的"不"。我问他们的第一个问题是:"我理解你的立场:独立。不过,跟我说说你们的利益吧。换句话说,你们为什么想要独立?你们希望独立能满足什么根本利益?"现场的人沉默了很久,然后出现了一阵难以回答这个问题所导致的古怪挣扎。

指挥官们知道他们的立场,这是非常清晰的。但事实是,他们无法完整地表达自己的利益。他们的主要利益是经济上的吗——在该地区丰富的自然资源中占有公平的份额?是政治上的吗——管理自己的事务和选举自己的议会的能力?是安全吗——保护他们的人民免受生命和健康威胁的能力?他们真正想要的是什么,优先顺序又是什么呢?他们在这里战斗了多年,牺牲了数千人的生命,但他们没有系统地思考为什么要真正地战斗。

在你的立场之下进行挖掘,了解你的利益,然后一次又一次地问"为什么",这不仅仅是一次学术练习。如果你不确定你真正的兴趣是什么,你就很难满足它们。正如他们已然承认的那样,指挥官们不太可能在短期内通过军事手段获得独立地位。然而,从中期来看,他们有机会通过一份关于民主选举的协议,在获得认可、自治和控制自己的经济资源方面推进自己的利益,而且他们相信自己会赢得这次选举。当地的政治控制反过来可能会进一步推动他们朝着独立的长期目标前进。发现他们立场背后的利益,帮助他们最终在一段时间里与对手达成了意想不到的和平协议。

持续问"为什么"这个问题很重要,因为有效地说"不"所需的动力最终并不来自你的立场,而是来自你立场背后的东西:

你的根本利益，你的"是"。

记住"不"的 3 个礼物可以帮助你识别自己的利益。问问自己：

- 我说"不"是为了创造什么？我还想对哪些举动或人说"是"？
- 我说"不"是为了保护什么？如果我说"是"或者只是继续接受对方的行为，我的核心利益会受到威胁吗？
- 我说"不"是为了改变什么？对方目前的行为（或情况）有什么问题？如果这种行为（或情况）改变，会有什么改善？

发现你的需求

更深入地探讨你的潜在动机是很有用的。通常，当我们列出我们的利益时，我们实际上是在列出我们的需求——我们的日常欲望、愿望和顾虑。这些通常都是我们特别想要的东西或条件。我们希望我们的办公室舒适，交易有利可图，假期舒适，支出都负担得起。我们如果更深入地探究，就会发现这些想法背后隐藏着一系列核心动机——我们的需求。

需求是激励人类行为的基本驱动力。也许可以算为人类最常见的 5 种基本需求是：

- 安全，或者说生存
- 食品、饮品和其他生活必需品
- 归属感和爱
- 尊重和意义
- 自由和对自己命运的掌控

人类的基本需求是日常行为的基础。想象一下，你的老板连续三个周末让你加班，而你想说"不"，因为你和你的配偶早就有了外出的计划。你的利益，正如你第一次想到的那样，是离开，是能够继续你的计划，而不是加班。但为了满足基本需求，你需要不断问自己，你到底为什么想说"不"。休假的想法之下的利益是巩固婚姻，而如果你再深入挖掘，那背后是对归属感和爱的基本需求。在继续你的计划的利益之下，是对自主权和掌控自己命运的基本需求。在对老板强制要求加班的怨恨之下，隐藏着对尊重的基本需求。

有一位曾参加我组织的研讨会的销售经理在对他最大的客户说"不"方面遇到了一些问题。这位最大的客户不断向他施压，一次又一次要求他降价。"你的深层次的'是'是什么？"我问他。

"保持稳定的收入来源。"他回答说。

"为什么呢？"我迫使他更进一步。

"利润。"他说。

"你为什么想要利润呢？"我接着问。

"这样我们就都可以有工作了，"他指着同事说，"我就可以养家糊口了。"这就可以归结到一个基本需求。这位销售经理对客户要求的"不"就变得更加有力，因为它植根于他深深关心的东西。

深入挖掘你的需求是要付出代价的。你挖得越深，就越有可能撞到基岩——基岩是一个有强度和稳定性的地方，可以锚定你的"不"。

要想发现你的需求，你就需要聆听你的情绪。情绪是有智慧的，它们是你的核心需求所使用的语言，用来发出你的核心需求没有得到满足的信号。恐惧提醒我们注意可能存在的威胁；愤怒告诉我们情况有些不对劲，可能需要被纠正；内疚提醒我们对重要的关系保持敏感；直觉警告我们应该重新考虑手上这份即将被签署的协议。如果我们能够聆听这些感受，而不是只对它们做出反应，我们就会受益良多。

这当然也来自我自己的经历。当我面对重要的决定，比如是否接受一个重要的工作任务时，我学会了聆听自己的直觉。我发现这些直觉几乎无一不是正确的，它们指向了我没有正确处理的需求。如果我对接受一个新项目感到不适，这通常意味着我忽略了我对更多家庭时间或个人时间的诉求。

把你的情绪当作指向你核心需求的路标。与其把情绪当作自己的敌人，不如把情绪看作你的盟友，因为它们可以帮助你发现你的"是"。

发掘你的价值观

驱使你前进的除了你的需求，还有激励你的价值观。价值观是指导你生活的原则和信念。它们会被诸如"永远正直行事""公平地对待每一个人"这样的话语唤醒。虽然价值观因文化而异，因个人而异，但某些价值观在世界范围内是普遍共有的，包括诚实、正直、尊重、宽容、善良、团结、公平、勇气与和平。

价值观可以为你提供强大的动力，让你能够说"不"。比起站在个人需要的立场上，人们往往更容易站在更宏大需求的立场上。

回想一下安然公司的谢伦·沃特金斯的故事，她鼓起勇气给她的老板、首席执行官肯尼斯·莱写了一份备忘录，表达了她对安然当时正在发生的不道德的非法会计操作的强烈担忧，并警告说，安然"可能会在一波会计丑闻中倒闭"[3]。不幸的是，她的备忘录并没有得到重视，这家能源巨头最终陷入破产和刑事调查，导致数千名毫无戒心的员工失去了工作和毕生积蓄。虽然她的备忘录没有挽救安然，但她为正义挺身而出的勇敢行为得到了广泛的宣传：她被评为《时代》杂志的年度人物之一，并被树立为榜样，以鼓励其他人尽其所能阻止下一起"安然事件"。

谢伦·沃特金斯对安然的非法和不道德的会计操作说"不"，也是在对她自己诚实正直的价值观说"是"。尽管沃特金斯预估到她会因为这份备忘录而被解雇，但"在是否要寄出这份备忘录上，她没有给自己其他任何选择。她知道她必须说点儿什么"，她的母亲后来对《华盛顿邮报》这样说道。这是一个价值观问题。正如谢伦·沃特金斯的故事所指向的那样，发现你内在的价值观可以为你提供必要的动力，让你说出强有力的、积极的"不"。

深入你的核心

在你挖掘自己的需求和价值观时，问问自己这个问题是很有用的："什么才是真正重要的？"对你来说，优先级真正高的事情是什么？

对说"不"的结果的预估往往会引发自我怀疑和焦虑。你发现自己在问："我真的能做到吗？如果我说'不'，我能坚持下去吗？"为了反驳你内心的批判，有必要深入挖掘你的核心，你真实的自我，放置你内心的坚定和信念的地方。正如序中所描述的约翰的例子，通过深层挖掘找到的自尊，让他能够直面父亲，你也可以深入你自尊的核心，它将使你能够站起来说"不"。

继续探究。你更深层次的目的是什么？对你来说，什么是真实的和正确的？你的内心和灵魂传递的信息是什么？

我认识的一位高级经理曾在工作中获得了一个诱人的晋升机会，但这意味着他需要经常出差。"我有年幼的孩子，"他告诉我，"所以，尽管这个机会难以抗拒，但我还是说了'不'。"他说"不"是为了对经常和孩子们在一起说"是"。他的孩子对他来说才是最重要的。幸运的是，不久之后，他得到了另一份工作，离家很近。

这种做法不仅适用于个人，也适用于组织或国家的领导，他们必须认清自己真正的优先级。这也是强生制药公司的董事长詹姆斯·伯克在得知芝加哥地区一名儿童和六名成年人因摄入泰诺中毒死亡后所面临的挑战。[4] 显然，有人在胶囊中加入了致命的氰化物，然后把它们放回了药店的货架。泰诺是该公司最赚钱的产品，在非处方止痛药市场占有 35% 的份额。于是，是否下令在全国范围内召回泰诺的问题就出现了。公司内外的许多专家都做了提醒，认为这些事件仅限于芝加哥地区，中毒事件也并非强生公司的过错。但伯克和他的同事们清楚地知道该怎么做。他们下令从药房和药店的货架上撤下该产品的全部供应，此外，他们提出将人们家中现有的所有泰诺胶囊换成泰诺片剂。他们几乎是立刻就做出了这个决定，而这个决定让强生损失了数千万美元。事实上，在他们完全确信自己可以保证消费者的安全前，强生还对继续销售泰诺说了"不"。

这个勇敢开明的"不"从何而来？正如伯克和他的同事们后来所解释的那样，它直接来自公司40年前由富有远见的总裁罗伯特·伍德·约翰逊撰写的公司信条："我们相信，我们首先要对医生、护士和病人，父亲、母亲，还有所有使用我们的产品和服务的人负责。"利润固然重要，但它们的重要性仍然次于消费者的健康和安全。知道并相信这些核心价值观，让公司里的每个人都明白应该怎么办，并立即支持召回的决定。

结果是什么呢？与认为泰诺品牌无法从这场灾难中恢复的传统看法正相反，泰诺在几个月内以同样的名称重新推出了一种新的防拆包装，并在销售额和市场份额方面实现了惊人的复苏。对强生公司来说，这起很容易就会演变为打击公众信心的灾难的事件，最终在公众眼中变成了对该公司的正直和信誉的证明。

因此，当你要说"不"的时候，效仿詹姆斯·伯克，叩问你的基本使命和核心价值观是值得的。你和你的组织真正代表的价值观是什么？不要仅仅考虑你的短期利益和眼前的决定，还要考虑你的长期利益。不仅要考虑你狭隘的自身利益，还要考虑你更高层次的自身利益。正如伯克和他的同事们所做的那样，聆听亚伯拉罕·林肯那句名言中的"我们本性中更好的天使"[5]，会对我们很有帮助。

你的目标是找到你的"不"的最深层次的来源，并与之建立联系。你对"是"的挖掘越深入，你的"不"就越强烈。

明确你的"是！"

现在你已经发现了你最深层次的利益、需求和价值观，你可以把它们提炼成一个强有力的"是！"。你的"是！"是你保护和推进你的核心利益的意图。需求和价值观是你的根源所在，意图则是你想去的地方。意图为你的利益增添了投入的元素。你不只是有利益诉求，还需要加以投入去实现你的利益。圣雄甘地就曾宣称："真正的力量不来自体能，而是源于不屈不挠的意志。"[6]生活中很少有东西能像明确的意图那样强烈。

最有力的意图是积极的。它们是"支持"，而不是"反对"。想想纳尔逊·曼德拉，他花了40多年的时间与南非的种族隔离制度做斗争。他自传的标题清楚地表明了是什么样的积极意图让他坚持熬过了几十年的艰苦斗争和监禁生涯。他给自己的回忆录取的名字不是"离开种族隔离的漫长道路"，而是"走向自由的漫长道路"。他并非为了反对种族隔离而投入奋斗,而是为了自由而奋斗——为了他自己的自由,为了他的人民的自由,甚至是为了他的对手的自由。

提炼出一个单一的意图

你的意图不是你发明的东西,而是你从利益、需求和价值观中提炼出来的东西。能真正给你的"不"带来力量的是对你的所有不同动机进行提炼,使之成为一个单一的、浓缩的意图——你的"是!"。

发现你的利益、需求和价值观是一项分散的活动,在这个过程中,你会从一个单一的"不"的立场背后挖掘出许多可能的动机。创造一个单一的意图则是一项趋同的活动,在这个过程中,你可以从多个动机中归结出能代表所有动机的单一意图。如果将你的利益比作一棵树的根,那么树根汇聚的树干底部就是你的意图。

先列出促使你想说"不"的利益点,然后试着只用一个最能抓住它们本质的短语来总结它们。在约翰对他专横的父亲说"不"的过程中,他的这个短语就是"自尊"。对于我那位对酗酒说"不"的亲人来说,这个短语就是"和我的孙辈在一起"。问问你自己:"我真正想要捍卫的是什么?我要保护的最重要的价值或需求是什么?是我的幸福、我家人的健康、我公司的品牌、我个人的正直，还是别的东西？"

对于下面这个案例中一家知名的国际连锁酒店的高管来说，他的"是"就是公司的品牌。他面临的挑战就是向连锁酒店中的一家加勒比海度假酒店的强势所有者说"不"，这位所有者在新酒店的建设接近尾声时要求额外降低品牌的标准。这位高管说"不"，不仅是因为品牌政策问题，而且是因为他意识到品牌正是公司的主要资产。"如果我们不坚持我们的标准，我们的品牌就毫无意义。"他后来向我解释道。在发现并明确了他的"是"之后，他并不觉得对酒店加盟商说"不"很困难，他表示："你和其他人想要我们的品牌出现在你的酒店门面上，就是因为我们在质量问题上绝无例外。"

因为你的意图通常是笼统的，所以通过设想一个积极的、能够实现你意图的结果来让你的意图具体化会很有帮助。问问自己："什么样的具体解决方案才能满足我的利益？"就像运动员在比赛前经常做的那样，用你的心灵之眼去可视化你所渴望的结果。如果对方同意尊重你的需求，那会是什么样呢？这种具象化可以帮助你获得成功所需的信心和信念。

写下你的意图，甚至向你的同事或朋友公开宣告，也有帮助。它会提醒你对自己的投入。

区分"是否"和"如何"

有时我们可能会想:"我很想说'不',但我无法想象如何对我的母亲、老板或朋友说'不'。"我们甚至在与对方交谈之前就已经破坏了自己说"不"的意图。

"我不知道我怎么能说'不'。"当好朋友让你帮他们搬家时,你可能会这么对自己说。你知道你眼下没有时间,但你的脑海被内疚和恐惧淹没,以至于你似乎无法想象如何说"不"。所以你屈服了,答应了。之后,后悔、怨恨和愤怒随之而来——因为在这个时间点上,你最不想做的事就是说"是"。

对于我们当中的许多人来说,这种情况每天都会发生。它源于将是否做某事与如何做某事混在一起的普遍做法。我们会把我们是否说"不"的问题与我们要如何说"不"的问题混为一谈。既然如何做似乎是不可能的,那么是否做似乎就是预先确定的了。事实上,为了让自己感觉更好,我们会对自己说:"我没问题,反正我自己也不是真的需要这段时间。"

然而,还有一种选择:在你自己的决策过程中区分是否和如何。当你考虑在这种情况下自己真正想做什么的时候,首先要弄清楚你的真实意图。一旦是否的问题解决了,你就可以考虑如何解决了,这可能会比你的恐惧所让你认为的容易得多。

把你的情绪转化为决心

一旦你明确了你的意图,就是时候给它能量了。这种能量可以来自你的情绪,只要你应用得当。

除了作为需求未被满足的警告信号,情绪还起着一个关键的作用:为行动提供燃料。它们促使我们采取适当的行动来保护我们的核心利益,给我们勇气和决心。正如冠军运动员们所深知的那样,如果引导得当,情绪可以提供巨大的动力。

因此,与其让你的情绪驱使你,不如驾驭它们并引导它们化为决心——变成解决你未被满足的需求问题并推进你最深层次的价值观的意愿。你的积极意图并非无中生有,而是自你的情绪中生长而来。

没有人比圣雄甘地更了解和更好地展示了这一转变的过程。[7] 他在没有任何武器或士兵的情况下,成功地结束了大英帝国对印度长达数百年的殖民统治。他这样阐释自己的秘诀:"我从痛苦的经历中学到了保存愤怒的最重要的一课,正如热量可以被转化为能量,受我们控制的愤怒也可以转化为一种能够改变世界的力量。"

要将消极情绪转化为积极意图,首先要观察并接受你的情绪,在未被满足的利益和需求中追溯它们的源头。随着你深入聆听自己的感受,你可以看着情绪电荷从负向正转变。然后,就像甘地建议的那样,保存你的能量。换句话说,不要冲动反应,因为这只会浪费你宝贵的能量。最后，在正确的时刻，有目的地释放你的情绪能量，将它作为适当行动而非直觉反应的燃料，让它成为你的"不"的持续动力。

圣雄甘地的孙子亚伦·甘地写道："爷爷在我 12 岁时教我明白，愤怒就像电一样有用和强大，但前提是我们要明智地使用它。我们必须学会像尊重电一样尊重愤怒。"[8]

事实上，没有本质上负面的情绪，只有带负电荷的情绪，它们也有可能带上正电荷。恐惧和愤怒等情绪可以是破坏性的，也可以是建设性的，这取决于你如何处理它们。我就在委内瑞拉的一次非常紧张的公众集会上认识到了这一点。

2003 年，在委内瑞拉政治局势最紧张的时候，许多国际观察家担心会爆发一场内战，我应联合国的邀请，主持了一场为期一天的公民领袖会议。这些领袖中既有总统乌戈·查韦斯热心的支持者，也有他严苛的反对者。会议对所有人开放，地点是加拉加斯市中心的一家可容纳 500 人的老剧院。近千人出现在现场。因为担心党派之间可能爆发暴力冲突，连国民警卫队也到了现场。现场的气氛自然充满恐惧和紧张。在几位国际政要做了开场发言之后，讲台就被交给了我。

根据直觉，我让参与者自己来将冲突可能造成的破坏性画面具象化——他们认识的人受伤或死亡，失去工作，友谊或家庭纽带破裂，孩子噩梦连连——让他们在脑海中具象化他们能想到的任何画面。然后我问他们:"你们会用哪个西班牙语单词来对政治暴力说'不'?"几位观众建议的词是"*Basta*"(够了)。于是我说:"好的,那我想请你们帮个忙。我想在这一刻听到委内瑞拉人民的声音,一种到目前为止一直被压制的声音,一种理智的声音。记住你们脑海中你们个人对冲突的印象,我想请你们带着你们所有的情感一起喊出'*Basta*'。你们可以为我这么做吗?"他们点了点头。我数到三,一声响亮的"*Basta!*"横扫剧院,强大而有力。我觉得他们或许是因为害羞,还是有所保留,所以我请他们重复一遍。他们照做了,而且呐喊声非常强劲有力。我最后又请求他们喊了一次,第三句"*Basta!*"让整个剧场的房顶都在震动。

我提到这个故事是因为现场的气氛在那一刻发生了明显的变化。毫不夸张地说,恐惧和愤怒的负面情绪转变成了一种想要帮助结束冲突的破坏性的积极意图。仿佛是为了证实这一点,就在当天下午,参与者在剧院组织了一个委员会,为委内瑞拉的和平而共同努力。他们每周会面一次,开始组织对话、街头戏剧、广播和电视节目、校园项目和青年舞蹈,这些都是为了缓解紧张局势,促进理解。3年后,也就是在我撰写本书时,这些努力仍然发展强劲。它们已经发展成了一场被称为"Aquí Cabemos Todos"的社会运动,意思是"我们都适合这里"。公允地说,他们都对自己的生活和国家的命运产生了真正的影响。

这就是我们可以从中学到的：你可以用你的情绪来动员自己说"不"，并为对你重要的事情挺身而出。焦虑、恐惧和愤怒也可以给你带来变革性的能量，这正是你做出内部和外部改变所需要的。如果你能够恭敬地聆听这些情绪的表达，而不是破坏性地进行宣泄，这些情绪就可以成为你的朋友和盟友。它们能让你有勇气说"不"——一个浑厚的、中气十足的、响亮的"不"。

发现你的"是"

发现你的"是"可以完成 3 个有用的任务：

- 它让你有了积极的根源。你现在可以站在自己的立场上，而不需要从对方的立场出发。你的"不"可以支持你自己的需求，而不是反对别人的需求。你可以简单地对最重要的事情说"是"，而不是通过说"不"来拒绝对方。
- 它让你有方向感。你现在知道你要带着你的"不"去哪里了。

- 它给你带来能量。你现在有了表达你的"不"的燃料,并能在面对阻力的情况下坚持说"不"了。

既然你已经发现了你的"是",那就是时候为你的"不"赋能了。这将是下一章的主题。

第二章
为你的"不"赋能

做好准备就是胜利的一半。[1]

——西班牙作家塞万提斯

说"不"并非易事。对方可能会对你的"不"做出强烈的反应。你需要自信,才能在面对对方的反应时为自己挺身而出。如果对方拒绝尊重你的"不",你就需要力量来贯彻你的"不"。因此,和发现你的"是"一样重要的就是为你的"不"赋能。

培育积极的力量

一旦你把你的利益提炼成一个明确而强烈的意图,就是时候用替代方案来支撑你的意图了。替代方案是一种实用的战略,可以在对方拒绝接受你的"不"的情况下满足你的核心利益。替代方案是积极的力量。消极的力量是惩罚对方的力量,而积极的力量是保护和推进你的利益和需求的力量。

有一个人的故事正可以说明积极力量的巨大潜力。她出生在一个受压迫的少数种族的家庭,在一家百货商店做裁缝助手。她在自己的家乡对种族偏见说出的强力的"不"引发了整个美国的民权运动。她的名字是罗莎·帕克斯。

1955年12月,在漫长的一天的工作结束后,帕克斯登上了一辆市内公交车回家。当时,在美国的大部分地区,非裔美国人在社会生活的方方面面都遭受着合法化种族隔离的不公正,包括公共交通。在一个宣称致力于人类平等的社会里,他们被视为二等公民。帕克斯如下描述了接下来发生的事情。

"我没有坐在公交车的最前面,我和一个靠窗的男人坐在一起——这是允许'有色'人种坐的第一排座位。我们没有被打扰,直到我们到达我上车后的第三站。就在这时,几个白人上了公交车,有一个白人没有座位,只能站着。当司机注意到这个白人站着时,他对我们(包括那名黑人男子和过道对面的两名黑人女子)说,让这个白人坐下。其他三个人都站了起来,但是司机看到我还坐在那里。他问我能不能站起来,我说:'不,我不愿意。'然后他说:'我要叫人来逮捕你。'我告诉他,他可以这么做。所以他没有再发动公交车。有几个黑人下了车。

"两名警察在几分钟内上了车。司机告诉警察我不让座。警察走了过来,问我为什么不让座,我说我不认为我应该让座。'你为什么要对我们指手画脚呢?'我问他。他说:'我不知道。但法律就是法律,你被逮捕了。'他一说完,我就站了起来,我们三个人一起下了公交车。"[2]

罗莎·帕克斯被关进了监狱。尽管当晚她就在交纳了保释金后获释,但她的被捕激起了黑人社区的强烈情绪,并引发了一场由当地的一位名叫马丁·路德·金的年轻牧师领导的、史无前例长达 11 个月的公交车抵制活动。

罗莎·帕克斯拥有积极力量的两个基本要素:强烈的意图和可以切实地支撑这个意图的替代方案。在多年的运动中,她的意图得到了认同和完善。在这个故事的常见版本中,她对让座的拒绝经常被描绘成一个疲惫的裁缝的自发行为。事实上,帕克斯是一位经验丰富、受过教育、信仰坚定的活动家,是美国全国有色人种协进会地方分会的长期成员——全国有色人种协进会是美国的一个致力于平等对待黑人的全国性组织。该分会的领袖一直在寻找一个判例案件，以挑战公交车座位隔离的合法性，并通过一系列抗议活动赢得公众舆论的支持。当机会出现时，帕克斯和她的同事们已经准备好了他们的替代方案。

一位朋友曾这么形容帕克斯：她通常不违抗权威，但一旦下定决心采取行动，就会拒绝让步。"她可能会无视你，绕过你，但永远不会后退。"[3] 帕克斯完全准备好了面对被逮捕的后果，并准备好在必要时将这起案件一路告到最高法院。这也正是最终发生的事情。美国最高法院最终裁定不允许在公共交通工具上实行种族隔离，剩下的事情就都已经被写入历史了。

帕克斯的替代方案不是为了惩罚任何人，而是为了保护她的"不"背后更深层次的"是"——代表着尊严和人人平等的"是"。尽管在公交车上，她似乎没有什么反抗的力量，但她的积极力量足以支撑她的"不"，并且支持她的"是"，而这力量之强大足以引发一场争取人类尊严的革命，在全美乃至全世界引起回响。

化恐惧为自信

当面对设计替代方案的任务时，许多人抗拒，不愿卷入"对最坏情况的思考"。他们可能认为这是不必要的或不忠于自己的选择，或者认为他们可以以后再做这样的操作。然而，根据我的经验，如果你要说出一个强有力的"不"，没有比这更关键、更有效的练习了。因为除了给你客观力量，它还能帮助你将恐惧和愤怒转化为自信和决心。不要把它看作"对最坏情况的思考"，而是要将它视为对一种替代性成功方式的计划。

如果你认为自己可以完全依赖于对方的合作，那么你实际上就成了人质。你自然会感到恐惧和愤怒。你可能感觉到的绝望很容易会让你选择迎合或攻击的方式。可能替代方案最大的好处就是它给了你心理上的自由，让你可以有效地对另一个人说"不"——不需要迎合、回避或攻击。

最具讽刺意味的是，你越是需要对方做你想做的事情，你给他们的权力就越大，你影响局面的能力就越小。在出现冲突的情况下，如果你不需要对方去做一些事情，对方反而更有可能做你想让他们做的事情。

让我们看看一起现实生活中的婚姻纠纷。[4]琼与丈夫杰克之间缺乏沟通，她对此感到非常不满。她对人与人之间的联结有非常强烈的需求，同时从她的角度来看，他们很少真正地交谈。多年来，琼一直在批评和唠叨，希望杰克能和她对话，但她说得越多，他就越退缩。她对他的行为传达出的"不"激起的后果似乎恰恰与她所寻求的截然相反。他们的婚姻因此濒临破裂。

经过漫长的咨询，琼认真考虑了她的替代方案，也就是与丈夫分开，这也是她并不想做的事情。尽管如此，她还是接受了如果她的核心需求得不到满足，那么这也是一种现实的可能性。她鼓起勇气，勇敢地面对自己的恐惧。然后，她觉得自己有能力使用一种不同的、更自信的方式来说"不"了。

"我不想继续忍受我们很少沟通的问题了，"她平静地告诉丈夫，"我也不愿意再强迫你和我沟通了。但不要因为我不会再唠叨或批评你，就认为我接受了这样的现状。就我自己而言，我不想仅仅因为我的伴侣跟我说话就心怀感激。对你来说，我不想让你一直觉得自己被一个喜欢尖叫的妻子压得喘不过气。我会将你从现在开始所做的一切，视为你表明关于自己真正想要的生活方式的决定。相应地，我也会对我的生活做出决定。"

换句话说，琼并没有试图控制她丈夫的行为。她只是在选择她将如何行动。她将致力于过一种不同的生活，一种能满足她的需求的生活，无论杰克如何继续表现。矛盾的是，这种方法居然挽救了这段婚姻，还进一步巩固了它，因为琼重新获得的自信和力量使她停止了破坏性的批评，杰克的回应则是敞开心扉，开始更多地谈论他的感受和需求。一个积极的"不"让她离丈夫更近了，而不是更远了。

在这个案例中，说"不"的挑战就是不带"索取"意味地表达"需要"——利益、欲望或担忧。带有"索取"意味的需要会给你们双方都带来压力——一种对对方的强迫，也是一种对你的软弱和依赖的展现。你可能有某些需求，但你并不"需要"对方配合。你可能非常希望他们配合，但如果他们不配合，你还有其他办法来满足你的需求。

挑战是首先要勇敢地面对自己，就像琼所做的那样——直面你对失去一段关系或一笔交易的恐惧，直面其他人对你的"不"可能会做出的反应或反击的恐惧，并从这些恐惧中走出来，承担满足你自己的利益和需求的责任，无论对方是否配合。

制订替代方案

如果对方不接受你的"不"，替代方案就是实现你利益的最佳方案。无论对方是否决定尊重你的利益，你都有能力满足自己的需求。在谈判语言中，替代方案（Plan B）被称为BATNA（谈判协议的最佳替代方案）。B在这里既代表BATNA，也代表备用方案（backup）。

如果你对老板的辱骂行为说"不"，你的替代方案可能是尝试调到另一个部门，或者寻求人力资源部门的支持。如果你要对一个不断用无理要求向你施压的客户说"不",你的替代方案可能是寻找一个新客户,或者让你的老板参与,他可以联系你的客户的老板,看看他们能否解决这个问题。诚然,这些方案可能不算有吸引力的选择,但当你准备说"不"的时候,时刻记得有这样的选择是很重要的。如果对方的权力比你更大,制订一个实用的替代方案就可以帮助你创造一个公平的竞争环境,这样你就能更容易地说"不"。

在我代表我的女儿与医疗系统打交道的经历中,我发现心中有一个替代方案是非常有价值的。比如,为了保护女儿的健康,我和妻子需要对重复的,而且往往是创伤性的体检设定严格的限制,这些体检是为了医学生的利益而做的,但对我们的女儿没有真正的好处。如果医务人员在反复、礼貌的请求后不遵守这些限制,我们的替代方案就是在系统内向尽可能高的层级投诉,如果有必要,我们会更换医生和医院。

替代方案是一种你可以独立于对方的配合而采取的行动。把积极说"不"想象成一次旅行,想象路上有一个岔路口。一条岔路指向接受你的"不",让我们叫它"A 计划",A 在这里代表接受(acceptance)或同意(agreement);另一条岔路通向你的替代方案,即你的备用方案。

接下来这个"对沃尔玛说'不'的人"的故事就展现了替代方案的力量。[5] 吉姆·威尔是美国 Simplicity 公司的首席执行官,

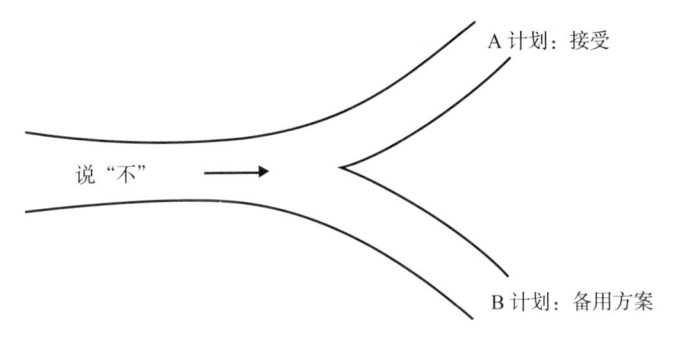

图1 积极说"不"之路

这家公司拥有高质量割草机品牌史奈普（Snapper）。史奈普与沃尔玛做了数千万美元的生意。当时，沃尔玛坚持要求威尔大幅降低售价，并以大幅增加采购的前景作为回报。在商界，对沃尔玛说"不"在许多人眼中就等同于自杀，而大多数首席执行官都会发现，沃尔玛增加采购的诱人提议是无法拒绝的。但对吉姆·威尔而言并非如此，他仔细研究了这一过程将在10年内导致的结果：不断地降价，并不可避免地牺牲史奈普在消费者心目中所代表的质量、可靠性和耐用性。尽管沃尔玛渠道的销量占了史奈普总销量的近20%，但威尔说了"不"，并选择在一夜之间失去这20%的销量——就是为了对史奈普的核心价值说"是"，在威尔看来，这也是在对它的长期生存说"是"。

让威尔有能力做出这个勇敢决定的就是他的替代方案。他制订了一项计划，通过一个独立的经销商网络独家销售史奈普割草机。这个经销商网络包括1万家了解史奈普产品的经销商，可以教客户如何使用它,并在出现问题时提供维修服务。"当我们告诉经销商,他们在沃尔玛再也找不到史奈普的时候,"威尔说,"他们对这个决定非常满意。我认为,我们赢回了经销商的心,从而挽救了大部分业务。"

备用,而不是退让

你的替代方案是个备用方案。如果双方关系能互惠互利,你就愿意保留这段客户关系。如果你的老板给予你应得的尊重,你就会更愿意留在工作岗位上。如果你的婚姻是安全的,没有虐待行为,你就会愿意维持这段婚姻。但是如果看起来你无法得到你所想要的,你的替代方案就会是你最后的手段,是当对方不接受你的"不"时,你将选择的做法。

人们有时会混淆替代方案与退让选择——如果你的"不"最终被证明是对方不能接受的,对方可能会接受退让选择。但替代方案并不是一个退让选择——一份妥协协议或次优选协议。替代方案完全不是一个达成协议的选择,而是一个协议的替代品,你完全可以在不征得对方同意的情况下采取行动。如果你不能与这个客户达成协议,你的替代方案可能是放弃这笔特定的交易,转而寻找另一个客户。选择最终需要对方同意或接受,但替代方案不需要。

你的替代方案也可以是一个有价值的基准,你可以用它来评估你提出的任何建议，作为你的积极的"不"或你可能考虑的任何潜在协议的一部分。在任何时候，你都可以问自己："哪个行动方案更有可能满足我的利益——我该接受这份协议还是重新选择我的替代方案？"

赋能，而不是惩罚

在试探的情况中，许多人可能会认为他们的替代方案的目的是惩罚对方的不当行为。如果对方不愿意尊重你的利益和需求，如果你的成年子女在把你的孙女送来让你照看时无视你对提前通知的要求，如果你的同事不停地发表令人感到被冒犯的言论，你将让他们为此付出代价。

但替代方案不是惩罚。它不是你发泄沮丧和愤怒的方式。替代方案只是帮助确保你的利益被尊重的方式——即便在对方不配合的情况下。对经常在不提前通知的情况下请你帮忙照看孩子的成年子女，你的替代方案可能就是道歉，说你要出门去见朋友，然后离开。就你同事的情况而言，你的替代方案可能是让人力资源部门或其他能说服他停止这种行为的人关注他冒犯性的言论。

替代方案与其说是凌驾于对方之上的权力，不如说是满足自己利益的权力。这就是它的积极力量所在。

在为积极说"不"做准备的这一阶段，重要的只是知道你有一个替代方案。我们将在第八章讨论是否以及如何向对方提出你的替代方案。此刻,为了你自己的利益和自信,开始制订你的替代方案吧。

加强你的替代方案

有时我们会感到困惑,因为我们想不出一个有吸引力的替代方案。把这当作改进替代方案的动力,而不是气馁的理由,正如下面的例子所展示的。

美国一家大型企业近期在市场上推出了一款新产品。企业原先希望能大获成功,但销售情况令人失望,竞争也比预想的更加激烈。意识到许多客户认为价格很高,这家企业开始尝试尽可能地削减成本。他们发现,成本最大的部分是一家欧洲公司为他们生产的一种关键原料。

这家企业于是要求供应商降价,并表示可以派遣一个成本削减顾问团队,但供应商对这个要求怒不可遏。"我们经营这项业务已经有两百多年的时间了,你们的国家都没有两百年的历史。我们不会对你如何经营你的企业指指点点,你也不要来告诉我们该如何经营我们的企业！"这家美国企业的高管很沮丧，但觉得他们没有什么谈判的筹码，因为他们已经在成本加成的基础上与这家供应商签订了一份为期10年的合同，它确保了供应商能收回他们的所有成本和利润。

于是这家企业联系到了我的同事乔·豪本霍弗，希望在这场艰难的谈判中获得一些帮助。当乔与公司高层会面，让他们为谈判做准备时，他们士气低落，感到绝望。他们怎样才能在这种情况下维护自己的利益，并成功对供应商的顽固态度说"不"呢？他们束手无策，因为他们可以说是完完全全地依赖这家供应商的供给。他们无能为力，或者说他们是这么认为的，直到乔问他们："你们的替代方案是什么？如果供应商拒绝对合同的其余部分进行配合，你们该怎么办？"

"替代方案？"经理们异口同声地说，"这就是问题所在。我们没有替代方案！我们被困在这份为期10年的合同里，没有出路。"

"等一下，"乔回应说，"你们的意思是，你们目前的替代方案——要么违约，要么让产品退出市场——都没什么吸引力。你们愿意花点儿时间仔细考虑一下有没有办法可以改进你们的替代方案吗？"

经理们同意了——当然，是带着怀疑的态度同意了。一个小时后，在一场密集的头脑风暴中，其中一人问道："世界上难道就没有其他工厂拥有制造这种产品的技术吗？"另一个人回答说：

"嗯，事实上，我记得似乎在中西部有一家工厂可能拥有必要的技术。但如果我的记忆没有出错，它已经被它的所有者关闭了。"

接下来他们派人前去核实事实。当天晚些时候，被派去的人报告说，这位经理的记忆是对的——工厂确实有合适的技术，而且它已经被关闭了，但它可能会被出售。

一天之内，这个团队起草了一份计划收购这家工厂的商业方案，打算将它重新投入运营，并以合适的成本大量生产他们所必须使用的原料。这个方案被提交给了高级管理层，并迅速被批准为应急计划，也就是他们的替代方案。

然后，这个团队开始为即将到来的对供应商的拜访做准备。我的同事说，这时候的他们仿佛已经是一个完全不同的团队。有了一个令人满意的替代方案，他们不再士气低落，反而信心十足。他们仔细地评估了供应商的利益和认知，并试图找到互惠互利的方案，削减成本并保持他们的合作伙伴关系。

事实证明，他们完全没有使用他们的替代方案的需要，甚至从未公开过这个替代方案。他们的周密准备给了他们与供应商进行有效谈判，并就削减运营成本的战略达成协议所需的信心。公司的谈判代表后来告诉我，这次预料外的成功的关键因素就是信心。信心使他们能够将恐惧和听天由命的消极情绪转化为坚定和决心。

通过头脑风暴想出多个方案

在制订替代方案时，考虑多个可能的替代方案是很有价值的。上面这个例子中的经理们从参加头脑风暴会议开始，由此想出了一个以前没有人考虑过的创造性替代方案。

想出有创意的替代方案的最大障碍是我们脑海里不断有一个声音在说，"那是行不通的"，或者"这太荒谬了"。这些话语会扼杀潜在的创造性想法。这种批判性的声音大多来自大脑中评估和判断的部位。虽然它很有用，甚至是必要的，但它会阻挠大脑中负责产生新想法的创造性部位。头脑风暴的秘诀就是将这两种认知功能分开——先创造，后评估。

头脑风暴的金科玉律是在一段时间内暂停所有批判行为，无论是几分钟还是几个小时。先产生尽可能多的想法。欢迎天马行空的想法——很多最好的计划都是从天马行空的想法开始的。然后你就可以评估了，从这些想法中进行筛选，并在最有前景的想法上打上星号。

头脑风暴通常最好是与其他人——朋友、同事和合作伙伴一起进行。每个人的贡献通常都能激发其他人的想法，就像在爆竹周围放爆竹一样。

将一个或几个可能的替代方案制订成具体的操作计划。这一过程将原本可能只是一个疯狂"脑洞"的想法转化为一项需要尊重和支持的严谨计划，这正是管理者们在研究一件听起来不可能的事情（找到另一个供给源）并起草一份可以提交给公司领导的商业计划时所做的事情。

在提出替代方案时，有下面几种不同的类型可供考虑。

自行解决

一个替代方案从本质上来说就是单方面的：你自己能做些什么来满足你的利益和需求？如果你不再依赖其他人，那你该怎么办呢？你怎样才能最好地独立于对方的配合来操作呢？例如，在上面讨论的案例中，经理们找到了独立于供应商生产所需原料的可能性。

退出

另一种单方面的自助策略是退出。对你来说，离开有对方的情境或关系意味着什么？与难相处的老板打交道时，员工会调查同一组织内外其他工作的可能性。对难缠的客户说"不"的同时，销售人员也会去开发其他客户。一名被配偶虐待的女子准备带着她的孩子离家出走，并选择在其他家庭成员的房子里避难。我认识的一位律师被要求参与一个她认为"在道德上令人反感和感到被冒犯"的项目，她之所以能够有效地说"不"，是因为她事先已经下定决心："如果我的'不'不被接受，我就辞职。"

第三方

还有三边的替代方案。如果你不能与其他人达成初步协议，有没有潜在的第三方可以帮助你？如果邻居持续播放吵闹的音乐，你可以要求房屋管理者介入，或者在居民大会上提出这件事。如果你不能说服你的同事不再要求秘书为了他的事情而把你的工作放在一边，你可能需要去找老板。或者你的替代方案可能需要用到司法体系，就像罗莎·帕克斯在她的案件中一路上诉至最高法院时所做的那样。

中间计划和终极计划

如果你不能与对方达成一致，你首先诉诸的方案可能不是你的整个替代方案，而只是一个较小的中间步骤。你可以制订一系列计划，从最小的步骤到最终的大方案。面对一直未能达到品牌质量标准的餐厅加盟商，一家连锁餐厅想说"不"，于是准备了一项中间计划，让加盟商进入了观察期。如果加盟商还是不能达到标准，那么该连锁餐厅的最终替代方案是将品牌从加盟商中撤离。

打造制胜联盟

如果对方比你更强大，你可以考虑的一个替代方案是建立一个制胜联盟。

在我的研讨会上，我喜欢讲的一个教学故事是，一位睿智的禅师在给一群学生上课的过程中，故意让其中一名学生陷入进退两难的境地。当这名学生把一杯茶举到嘴边时，师父说："如果你喝了那杯茶，我就用这根棍子打你。如果你不喝那杯茶，我也会用这根棍子打你。"

"如果你是那个学生，你会怎么做？"我问研讨会的参与者们。

我得到的最常见的回答是："我会喝茶。我不妨先好好享受一下。"另一种常见的回答是："我会把茶泼到禅师的脸上。"这是面对强权的两种典型反应：因为别无选择而屈服，或者进攻。然而，这两种反应通常都不能令人满意。

然后，人们开始给出有想象力的回答："我会把茶给他。""我会问为什么。""我会一直把杯子端在嘴边，这样他就不知道我是不是在喝了。"诸如此类。

然而，尽管他们提出了许多可能性，但他们几乎总是忽略了另一种选择——建立联盟。我认为这是因为当我们想象场景时，我们在脑海中看到的是那位禅师和那个学生，经常忘记房间里还有其他人。"朋友们，帮帮我！"你可以叫上你的同学们。虽然拿着棍子的禅师可能比一个学生强大，但他并不会比所有学生加在一起的力量强大。

联盟可以创造公平的竞争环境。我们可以问自己一个很好的问题："谁和我有共同的利益，或者可能会被说服与我一起努力，以确保我的需求被尊重？"如果你面对着一名辱骂他人的老板，从其他员工那里获得支持是有帮助的，这样你们就可以共同对抗老板的行为。如果你年迈的父母拒绝放弃开车，而显然已经对自己和他人的安全构成了威胁，那么争取兄弟姐妹的支持会是有帮助的。罗莎·帕克斯和她的同事们利用黑人和有同情心的白人组成的广泛联盟的力量，来支持她对公交车种族隔离政策说"不"。"世界上有两种力量，"社区组织者索尔·阿林斯基喜欢说，"有组织的钱和有组织的人。"[6]

问问自己："在我的处境下，谁有可能（也许表面上看不出来）成为我的盟友？"如果你是做销售的，产品的最终用户可能会代表你向给你施压的采购代表说一句支持你的话。如果你从政，一个表面上看不出来的盟友可能是一个政治立场上的对立者，但他或许在推动某项特定立法方面与你有着共同的利益。

一个经常被提及的通过建立联盟制订替代方案的例子，来自"9·11"恐怖袭击发生后不久驾驶首批离开丹佛的客机之一的飞行员。[7]在飞机起飞前，飞行员对惊恐的乘客广播道："如果有人站起来试图控制飞机，请你也一起站起来，拿出你所有的东西，扔到他们的头上。你必须瞄准他们的脸，这样才能逼他们自卫。"这名飞行员还鼓励乘客将毯子蒙在劫机者的头上，将他们摔倒在地，并按住他们，直到飞机成功降落。他宣称："我们人民是不会被打败的。"

"飞机上的每个人都在鼓掌，"航班上的一名乘客说，"人们泪流满面。这就好像我们有一个选择,如果发生什么事,我们也不是完全无能为力的。"

这就是关键所在。记住,你并不孤单。

预测对方的有力行动

当你制订你的替代方案时,明智的做法是仔细考虑对方可能采取的有力行动。如果你对对方的要求说"不",他们又能做些什么来迫使你让步呢?你能做些什么来为你的"不"赋能,借此继续坚持自己的立场呢?

把他们的棍子拿走

如果对方对我们说"不"的反应是伤害或威胁我们,我们的第一反应可能是回击他们。不过,更有效的策略是中和他们行为的影响。如果他们威胁要用棍子打你,就像禅师所说的那样,那么你不需要还击,只要把棍子拿走就行了。换句话说,不要攻击对方,只需消除他们攻击你的能力。

想象一下,你正在与一位难缠的客户打交道,他毫无理由地要求你降低价格。如果你说"不",那么根据之前的情况,你预计他的反应会是生气,越过你去找你的老板,以达到他的目的。对抗这一做法的一种方法是事先与你的老板交谈并解释,客户很可能会来向她索要折扣。让你的老板礼貌地把客户引导回你这里。如果在定价上有任何调整的可能性,那应该由你来主张,否则客户在未来就总会去找你的老板,让你沦为一个传话的。当客户威胁要和你的老板谈话时,你可以说:"请便,这是她的电话号码。"你这么做,就相当于拿走了客户的棍子。

在1962年的古巴导弹危机中,这种拿走对方的棍子但不攻击他们的策略发挥了很大的作用。1989年,我有幸参加了在莫斯科的一场会议,那场会议召集了许多现在仍然健在的关键与会者。我的同事和我全神贯注,而美国前国防部长罗伯特·麦克纳马拉、美国前国家安全顾问麦乔治·邦迪、苏联前外交部长安德烈·葛罗米柯、苏联前驻美国大使阿纳托利·多勃雷宁等人则试图拼凑出在世界的前途悬而未决的紧张的13天里到底发生了什么。

在众多教训中,有一个对我来说格外突出。那就是,尽管无意,但我们曾经无比接近世界末日,而我们又多么幸运,因为美国和苏联官员都能如此熟练地运用他们的"不"。你可能还记得,美国人当时已经发现了,苏联通过轮船向古巴运送了核导弹,它们会在那里瞄准美国。肯尼迪总统知道他必须说"不",但他不确定如何在不发动第三次世界大战的情况下阻止苏联。他指派了一群他最信任的政治顾问和军事顾问拿出一个方案。他们设计的外交手段失效的替代方案，就是对古巴发动空袭，然后入侵古巴。在头两天的讨论中，他们没有其他任何方案。然后，正如我们在莫斯科会议上所发现的那样，这个差点儿就被危险地执行了的替代方案很可能是灾难性的。当时的美国领导者们并不知道，苏联已经部署了4万多名士兵，古巴已经部署了超过25万名训练有素的士兵准备作战，在美国发动攻击的情况下，苏联军队会被授权使用核导弹，并且当时其中一些导弹已经被激活。[8]

罗伯特·麦克纳马拉说："这太可怕了。这意味着，如果美国实施入侵，如果导弹没有被撤出，那么核战争爆发的可能性为99%。"

幸运的是，在总统的弟弟罗伯特·肯尼迪的敦促下，政治顾问和军事顾问们找到了一个更有创意的替代方案，这个计划并不专注于攻击，而是专注于"拿掉棍子"。该计划要求对古巴进行隔离，这是一项海上封锁，将阻止携带核导弹的苏联船只抵达古巴。这次隔离成功地强调了肯尼迪的"不"，并为罗伯特·肯尼迪和阿纳托利·多勃雷宁达成一项非正式协议赢得了宝贵的时间——根据该协议，苏联的导弹将从古巴被撤出，而正如肯尼迪总统一直以来的意图一样，美国的导弹也将从土耳其被撤出。如果没有建设性的替代方案和随之而来的巧妙外交手段，我们今天可能就不存在了。

考虑最坏的情况

提前想清楚最坏的情况也是有用的。如果你对对方说"不",对方能对你做的最糟糕的事是什么?这个练习的目的不是给你自己制造不必要的恐惧,而是区分恐惧和现实。正如一位高管曾经告诉我的那样:"当我在商业谈判中处于艰难的境地时,我发现这么问自己会对我很有帮助:'他们能对我做的最糟糕的事情是什么?如果他们不打算真的杀了我,那我或许就能熬过来。我会没事的。'然后我开始放松下来,可以更有效地进行谈判。"

他说得有道理。在紧张时刻,我们往往会让焦虑和恐惧放大说"不"的潜在后果。当我们清醒地审视时,我们就会意识到,这些后果通常并不像我们的想象引导我们相信的那样糟糕。然后,为即将发生的一切做好准备,我们就可以大胆地为自己和我们关心的事物挺身而出。

重新评估你说"不"的决定

既然你已经发现了你的"是",并制订了一个强有力的替代方案来支持你的"不"，你就可以问自己这个问题："我应该说'不'吗？"答案可能是肯定的，但在你的准备过程中，重新评估你的决定总是明智的。毕竟，说"不"可能会给你带来巨大的损失和风险——对其他人来说同样如此。说"不"往往意味着与对方斗争，你也会想要谨慎地选择你将要卷入的战斗。有一个方法可以让你仔细考虑你的决定。

问自己三个问题

在决定是否说"不"时，明智的做法是问自己三个问题："我有什么利益促使我说'不'？我有这个能力吗？我有这个权利吗？"

我有什么利益促使我说"不"？

说"不"能不能保护或推进你的一个关键利益？对你来说是否值得为此卷入与对方的潜在争斗，尤其是在你理解了他们的利益的情况下？聆听你内心的声音。如果你的意图明确而强烈，那就是个继续前进的好兆头。

我有这个能力吗？

你有没有能力坚持你的"不"，并经受住对方的强烈反应？你的替代方案行得通吗？如果答案是肯定的，这就是一个前进的信号。

我有这个权利吗？

在某些情况下，我们可能会问自己，我们甚至是否被允许说"不"。"我有权利说'不'吗？在这种情况下，我被允许说'不'吗？"

在某些情况下，问问自己这个问题可能是合理的。如果我们许下了诺言，或者签了合同，违背诺言恐怕就是不对的。但在太多存在虐待、不当行为或无理要求的情况下，我们迎合是因为我们不确定自己是否有权说"不"。例如，被虐待的配偶往往会问自己，他们是否有权离开这场婚姻。他们有。

归根结底，答案是我们都有权说"不"，这是我们作为人类与生俱来的基本权利。自由人的标志是他们有权为自己做决定并承担后果。

说"不"并不总是那么容易，尤其是对我们所依赖的人。当你有疑虑的时候，在做好准备工作之后，反思也有助于提醒你自己，你有强烈的利益促使你说"不"，你有能力说"不"，你也有权利说"不"。当你的利益、能力和权利一致时，几乎没有什么能阻止你。

记住，你的职责不是对对方说"是"，不管他们是谁，而只是给予他们尊重——你以说"不"的方式也可以做到。尊重正是下一章的主题。

第三章
尊重你说"是"的方式

永远不要夺走一个人的尊严：

对他们来说，尊严是一切，而对你来说，它什么都不是。

——美国心理学家弗兰克·巴伦

既然你已经准备好了说"不"，那么你的下一个挑战就是让对方准备好对你的"不"说"是"。换句话说，你如何才能让对方更容易接受你的"不"，尊重你的需求呢？你怎样才能打开一条沟通的渠道，让对方能够听到你的"不"，并将这个"不"的内核视为积极的呢？

大多数"不"的问题在于，它们有意或无意地拒绝了对方。其他人常常把我们的"不"当成对其个人的拒绝。这可能不是我们的本意，但对方很可能会从我们的"不"中听到一个隐含的信息："你和你的利益不算什么。"听到别人对你视为重要的事情说

"不"时，感到尴尬、受伤、被排斥甚至是被羞辱，是非常符合人性的。听到一个否定和拒绝的"不"，可能导致对方对我们想传达的信息置若罔闻，并进行破坏性的抨击，继而导致双方的关系受损。

当我作为第三方被卷入委内瑞拉政府和反对派力量之间激烈的政治斗争时，我震惊地发现，双方领导人最深的愤怒不是由权力和控制的政治问题引发的，而是由他们各自感受到的对手的不尊重引发的。该国总统乌戈·查韦斯对我大发雷霆，因为他的敌人称他为mono（猴子），并做了一个猴子般的鬼脸示意。与此同时，反对派的一位领袖向我抱怨说，当他试图像他做了一辈子的那样前往中央大教堂祈祷时，他竟在街上遭到了嘲弄和威胁，这一切都是因为查韦斯总统给他贴上了"人民公敌"的标签。这些不敬行为引发的羞耻感和羞辱感是显而易见的——它们显著增加了冲突升级为暴力的可能性。

从工作到家庭生活，不敬在每个领域都会造成伤害。听一听一位名叫琳达的母亲的描述：她曾对女儿艾米丽说"不"，并在一个社交场景中对她造成了伤害。"艾米丽有几个朋友过来，我当着他们的面责备了她，说她在社交活动前要先做作业。后来，艾米丽说：'当你在我朋友面前对我大喊大叫时，你觉得我会有什么感觉？'突然，我意识到她一定感到非常窘迫。我知道如果有人当着客户的面批评我，我会怎么想。我还意识到，如果我私下里带着尊重的态度问她,我就可以更好地激励她去做作业。"

让对方最终说"是"的秘诀不是拒绝他们,恰恰相反,要尊重他们。让尊重减轻、抵消被拒绝的刺痛。在谈到"尊重"时,我所指的并不是通融。我的意思仅仅是给予对方积极的关注,聆听他们的声音,承认彼此都是人。就像你希望被对待的那样,给予其他人尊严。

采取积极的尊重态度

几年前我听过一个对我来说最能体现尊重的力量的真实故事。[1] 合气道是日本的一种自卫艺术,一个在日本居住、学习合气道的美国年轻人特里·多布森有一天突然面临如何对其他人的危险行为说"不"的挑战。

在一个令人昏昏欲睡的春日午后,列车在东京郊区哐当作响。我所在的车厢显得挺空的——几个家庭主妇带着孩子,一些老人准备去购物。我心不在焉地凝视着单调的房屋和尘土满布的树篱。

在一个车站,车门打开了,午后的宁静被一个吐词不清、骂骂咧咧的人突然打破了。那人步履蹒跚地上了我们的车厢。他穿着工服,身材魁梧,醉醺醺、脏兮兮的。他叫喊着,朝一名抱着婴儿的妇女撞了过去,一下把她撞到了一对老夫妇的腿上。她竟然安然无恙,简直是个奇迹。

老夫妇吓坏了,跳了起来,急忙向车的另一端走去。这个工人向其中那位老太太的背部踢了一脚,还好她及时逃到了安全的地方,没有被踢中。这激怒了那个醉汉,他抓住车厢中央的金属杆,试图把它从支柱上拧下来。我看到他的一只手被割伤,开始流血。列车继续摇摇晃晃地往前行驶,但乘客们都害怕得僵在原地。我站了起来。

那时候是大约20年前,我还很年轻,身体相当健壮。在那之前的3年里,我几乎每天都进行8个小时的合气道训练。我喜欢投掷和格斗。我认为我很强壮。问题是,我的功夫在实战中未经考验。学习合气道的学生不被允许打架。

"合气道,"我的老师一遍又一遍地说,"是和解的艺术。任何有争斗意志的人都已经切断了他与宇宙的联系。如果你试图支配对方,你就已经失败了。我们研究的是如何解决冲突,而不是如何引发冲突。"

我听信了他的话。我努力照他说的做。我甚至会为了躲避在火车站周围闲逛的金皮拉①而走到马路的另一边。我的忍耐使我振奋,我感到既坚强又神圣。然而,在我心里,我想要一个绝对合法的机会,让我可以通过消灭有罪的人来拯救无辜的人。

机会来了!我心想着,站了起来。人们正处于危险之中,如果我不迅速采取行动,他们很可能会受伤。

看到我站了起来,醉汉意识到他找到了发泄怒火的机会。"啊哈!"他咆哮着,"有个老外!你需要上一堂日本人的礼仪课!"

我稍稍抓住头顶的把手,慢慢地看了他一眼,表示厌恶和不屑一顾。我打算把他这只"火鸡"撕裂,但他必须迈出第一步。我想让他生气,所以我嘟起嘴唇,给了他一个傲慢的飞吻。

"好啊!"他喊道,"你该得到点儿教训了。"他蓄力准备冲向我。

但在他还没来得及动的一刹那,有人喊道:"嘿!"这声叫喊让人一激灵。我现在还记得它那奇特的愉悦又轻快的特点——仿佛你和一位朋友一直在努力寻找某样东西,而他突然就发现了它。"嘿!"

---

① 金皮拉指的是一类常见于日本弹珠游戏厅的小混混。弹珠机是一种具有娱乐与赌博成分的机器,也称"柏青哥",在日本街头非常常见。——译者注

我向左转，醉汉向右急转。我们都低头看向了一位矮小的日本老人。这位身材矮小的绅士穿着和服坐在那里，他看起来已经有70多岁了。他没有理我，只是愉快地朝那个工人微笑，好像他有一个最重要、最受欢迎的秘密要分享。

"来吧，"老人带着点儿口音，用轻快的腔调向醉汉招手说，"来吧，跟我聊聊。"他轻轻地挥了挥手。

那个大个子向他走去，像是被绳子绑着牵引过去的一样。他气势汹汹地站在老先生面前，在哐当作响的车轮上方咆哮道："见鬼，我为什么要跟你说话？"那个醉汉转身背对着我。只要他的肘部动一毫米，我就会把他放倒。

老人继续笑容满面地看着这个工人。

"你喝了点儿啥？"他问道，眼睛里闪烁着兴趣的光芒。"我喝的是清酒，"工人吼道，"这不关你的事！"他的唾沫星子溅到了老人身上。

"不错，太棒了，"老人说，"实在太棒了！你看，我也喜欢清酒。每天傍晚，我和我的妻子（她76岁了）加热一小瓶清酒，把它带到花园里，然后我们坐在一张旧木凳上。我们一起看着太阳落山，看看我们的柿子树长得怎么样。那棵树是我的曾祖父种下的，我们担心它能不能从去年冬天的冰暴中恢复过来。我们的树长得比我预想的好，尤其是考虑到土壤的质量很差。当我们拿着清酒出去，在院子里享受夜色时,那种感觉真是令人满足——就算在下雨的时候也一样!"他抬起头来看着工人,眨了眨眼睛。

醉汉开始努力跟上老人的谈话,他的脸色变得温和起来,拳头也慢慢松开了。"是的,"他说,"我也喜欢柿子……"他的声音变得低沉起来。

"是呢,"老人微笑着说,"我相信你肯定有一位很棒的妻子。"

"不,"工人回答说,"我的妻子去世了。"这个大个子随着列车的移动轻轻地摇晃着,开始抽泣。"我没有妻子,没有家,也没有工作。我为自己感到羞愧。"泪水顺着他的脸颊滑落,绝望的战栗在他的全身泛起涟漪。

现在轮到我了。我站在那里,带着我年轻的天真,带着我"让这个世界对人民而言变得更安全"的正义感,我突然觉得自己比他还不堪。

然后列车到了我的站。门打开时,我听到老人发出了同情的喟叹。"天哪,天哪,"他说,"这确实是一个很艰难的处境。坐在这儿,给我讲讲这件事。"

我转过头最后看了一眼。那个工人四肢摊开躺在座位上,头枕在老人的大腿上。老人轻轻地抚摸着他脏乱的头发。

列车开走时,我坐到了一张长凳上。我想用肌肉解决的事情,被善意的语言完成了。我意识到我刚刚看完了一场合气道的战斗,而它的本质其实是爱。从此之后,我准备开始用一种完全不同的精神来修习这门艺术。或许在我能够谈及冲突的解决之前,我还需要修炼很长一段时间。

这个非同寻常的故事说明了日常生活中的一种可能性:尊重有着惊人的力量。这位老绅士用几个简单的手势就表达了一种通用的尊重——施与注意、倾心聆听、给予承认以及认可,以此解除了一个危险人物的武装,并对暴力说了"不"。我们也可以利用同样的尊重的力量。

尊重是我们任何人在任何时候都可以选择采取的积极态度。它就始于自尊。

从自尊开始

在真正尊重对方之前,我们需要尊重自己,这样才能让我们对对方的尊重是真诚的。显然,从列车上这位年长的绅士从容的自信和愿意与一个完全陌生的人——一个有潜在的暴力倾向的陌生人分享他家庭生活中的场景的行为来看,他十分尊重自己。自尊创造了情感和精神空间,让我们能够真实地看到对方。这就是为什么积极说"不"这个方法的第一步——发现你的"是"——本质上是关于自尊的。

首先,你要积极关注自己——关注你的情感、利益和需求。

然后你要继续尊重对方,这需要你扩大你的尊重圈,这样你才会把对方视为同样有情感、利益和需求的人类同胞。

尊重,从我在这里所指向的意义来说,不是需要通过良好的行为来赢得的东西,每个人都应该仅仅因为生来为人而被尊重。即使是极端情况下的敌军战士,也能表达这种基本的敬意。例如,在第二次世界大战期间,英国首相温斯顿·丘吉尔就曾签署了一封写给日本大使的信,信中以典型的维多利亚时代的隆重风格向日本宣战:

> 先生,我非常荣幸为您送上贴心服务,温斯顿·S.丘吉尔。[2]

"有些人不喜欢这种隆重的风格,"丘吉尔写道,"但毕竟,当你不得不杀一个人的时候,礼貌点儿完全不算什么。"

正如丘吉尔所认识到的那样,尊重不来自软弱和不安,而是来自力量和信心。对对方的尊重直接源于对自己的尊重。你给予对方尊重,与其说是因为他们是谁,不如说是因为你是谁。尊重是对你自身和你的价值观的一种表达。

重新审视

尊重并不意味着喜欢对方个人——因为你可能确实不喜欢对

方。尊重也不意味着做别人希望你做的事——因为你即将做与对方的期望相反的事。尊重的意思很简单,就是像你希望别人给予你价值一样,给予对方作为一个人的价值。火车上的这位日本老先生就给予了这个工人很高的价值。

尊重(respect)一词来自拉丁语 re-(意思是"再一次")和 *spectare*(意思是"看")。换句话说,尊重意味着"再看一眼",或者,正如词典中所说的,"专心地注意"。这种关注有助于你重新审视,认清令人恼火的行为或令人反感的要求背后的人。

当我们尊重对方时,我们就给了自己重新审视某人的机会,因为恐惧和愤怒可能让我们无法完全看清他。我们学习观察人们的本来面目,聆听他们的潜在需求,寻找他们内心的真实情况。被尊重意味着被看到和被聆听——每个人都应该有这样的机会。

我们当下可能无法感受到对对方的任何尊重。尽管我们可能对自己的感受没有太多选择,但我们确实可以选择该如何行动。基本的尊重始于具体的行为,如聆听和认可,这些行为可能会(也可能不会)带来真正带有尊重的感受。当下最重要的是带着尊重行事,无论你的感受是什么样的。

为了你自己,尊重他们

有时候,尊重对方似乎是我们最不想做的事情。"他之前对我做了那样的事，我不可能尊重他！我为什么要这么做呢？"我们可能会觉得这个人不值得我们尊重，特别是当他对我们表现得无礼的时候。由于这些感觉是完全自然的，理解为什么给予尊重符合我们的利益就是很重要的。

"当我与武装罪犯打交道时，我的第一条经验法则就是礼貌。"多米尼克·米西诺解释道。他在纽约市警察局的职业生涯中参与了200多起人质事件的谈判，其中甚至包括一起飞机劫持事件，而这些事件却没有造成任何一人死亡。"我知道这听起来像陈词滥调，但它非常重要。很多时候和我打交道的人都非常令人讨厌，而这背后的原因是他们的焦虑程度太高了。比如一个带着武器并被困在银行，正处于战斗或逃跑模式的人，为了缓和局势，我得试着了解他脑子里在想什么。实现这个目标的第一步就是尊重他，这显示了我的诚意和可靠性。"[3]

像米西诺这样的人质谈判专家擅长说"不"。他们不能同意劫持者对自由的要求，所以挑战是如何在说"不"的同时仍然能达成"是"——让对方安全释放人质并和平投降。这里关键的第一步就是尊重。

给予对方尊重的一个显而易见的原因是，这很管用。在我自己作为种族斗争调解人的工作中，我不得不与双手沾满鲜血的领导者们打交道。我不赞成他们的行为，我个人可能也不喜欢他们，但如果我想让他们接受对暴力说"不"——达成停火协议，拯救儿童的生命，我发现唯一奏效的方法就是通过基本的个人尊重来接近他们。

如果我们先注意对方，对方才更有可能注意到我们；如果我们先听他们的，他们才更有可能听我们的。简而言之，如果我们尊重他们和他们的利益，他们就更有可能尊重我们和我们的利益。

"我对我的孩子们有非常严格的政策。"西莉亚·卡里略表示。她是一所学校里的一位尽职尽责的教师，学校所在的社区情况艰苦、收入低。"开学的时候，我大约需要两到四周的时间才能建立这项政策。我只是制定了一条规定，任何人都不能辱骂他人，我只是在推动尊重、尊重和尊重。我相信如果我尊重孩子们，他们就也会尊重我，我从未发现这有什么不同。我并不是说我教的学生是最好的孩子，但当他们离开我的教室时，每个人都喜欢我们班的孩子，因为他们已经学会了尊重和礼貌。在很大程度上，孩子们渴望被喜欢、被尊重。他们已经习惯了被朋友或家人大声斥责，当他们发现你没有对他们大喊大叫时，他们会感激你，也会学会反过来尊重你。"[4]

记住，当你说"不"的时候，你是在告诉对方他们可能不想听到的事情。尊重往往会让对方更容易理解你的信息，而不是简单地置之不理。它可以减轻负面反应，增加获得正面反应的机会。你打算说的"不"越有力，你就越需要表现出尊重。

"如果他们听我们的，那是因为我们给了他们最想要的东西：尊重。"一位法国穆斯林社区的协调人曾说。2005年11月，他曾对法国穆斯林青年的骚乱说"不"。"如果你尊重他们，他们也会尊重你……我们直接走到了双方之间，很多孩子都听了我们的话。于是，第二天的损失比前几天晚上小多了。"[5]

除了建立短期关系，尊重还有助于建立长期关系。相互尊重的关系能极大地增强你影响对方的能力。给予尊重相当于在个人商誉银行里存了一笔钱，让你可以在面临困难时提取"资金"。

尊重也是你能给予对方的成本最低的让步。它只会让你付出很少，却能给你带来很多好处。世界上最成功的汽车公司丰田将尊重员工、商业伙伴、东道主社区——当然还有客户——作为其核心指导原则之一，这恐怕并非巧合。[6]

简而言之，尊重是打开对方思想和心灵之门的钥匙。当你尊重别人的时候，不要认为自己是在对对方施与恩惠。把它看作给予你自己恩惠——因为最终它可以让你自己的需求被满足。尊重是有意义的，不仅因为这是正确的事情，也因为这是有效的事情。为你自己着想，尊重对方。

表明你积极的尊重态度有两种主要方式：倾听和认可。

聚精会神地倾听

也许表达尊重的最简单的方式就是积极倾听。倾听对方想要交流的东西,倾听驱使他们的可能是什么样的潜在利益和需求。回想一下那句老话:上帝给了我们两只耳朵和一张嘴是有原因的。

很多年前,我做客一档脱口秀节目,一位来电者询问如何对待惹恼了她的5岁儿子。"他从来不听我的!我能做些什么呢?"我想了一会儿,问打电话的人:"好吧,你会听他说话吗?"她在电话里沉默了一会儿,然后回答说:"没有,但是……"

倾听可能是你最不想做的事情,特别是当对方表现得很讨厌的时候。"我为什么要听他们的?他们应该听我的!"你可能会这么想。但是,如果你不尝试倾听他们的话,你又怎么能指望他们听你的呢?的确,当你要说出一个重要的"不"的时候,倾听可能是让对方准备好倾听和理解你的信息的最有效的方式。

在一场工会与资方的艰难谈判中,协商即将走向僵局和破坏性的罢工,工会代表决定尝试一个不同的方法,再对资方的要求说"不"。他没有反驳管理层关于财务困境的故事,而只是开始倾听。他非常仔细地听他们所说的话,并问了很多问题。他的资方同侪大吃一惊——以前从未出现过这种情况。正如他们后来所汇报的那样，他们感到被倾听和被尊重。他们用的正是这个词——尊重。作为回报，他们也开始给予工会代表更多的尊重。因此，当轮到工会解释他们的需求时，管理层开始听取工会的意见。这一出人意料的相互倾听练习被证明是谈判的转折点。众人所预期的毁灭性罢工并未成为现实。倾听或许很难，但它的回报可能是巨大的。

因此，让对方说出自己的想法，以此来表达你的尊重。尽量不要打断对方。事实上，你要反其道而行之：当对方说完后，积极地问他们是否还有什么想说的，给他们更多的惊喜。通过倾听，你能获得多得超出预料的实用信息，你的"不"也会变得出乎意料地有效。

倾听是为了理解，而不是为了反驳

通常，在紧张的情景中，我们倾听也可能只是为了能够反驳对方所说的话。我们对待这场对话就像对待一场辩论，它的主要目标是得分。这样的方式可能适合辩论，但并不是真正的倾听。关键目标不是听到甚至记住对方的话，而是理解其潜在的含义。

"'请和我谈谈'……是我们真正的谈判哲学。"警方人质谈判代表休·麦高恩解释说，"它不是说'我在这里，我在电话这头，我想让你听我说，这是我要你做的，把枪放下，砰、砰、砰，你知道的'。这并不是我们真正要说的。它其实是说：'您来告诉我，劫持者先生，设路障的先生，出了什么问题？到底怎么回事？我们能为您做些什么来帮助您解决问题呢？请您和我谈谈。'"[7]

正如警方人质谈判专家从倾听绑架者的声音开始说"不"一样，你也可以从试图理解对方开始说"不"。他们怎么了？设身处地为他们着想，你就能更好地影响对方，说服他们做你想让他们做的事情。

就像你曾经为了你的潜在利益、需要和价值观而在你的"不"背后进行探索一样，现在你也要为其他人做同样的事情。问问自己，他们的要求或要求背后的潜在利益是什么。什么利益可能是他们的问题行为的诱因？深入调查。你也许并不总能满足他们的这些利益，但如果你想说服对方接受你的"不"，同时维持关系，那么理解并考虑它们就是必不可少的。

你可能会担心，试图设身处地为他们着想只会扭曲你的判断力，削弱你的决心。但即使你认为对方是你的死敌，也要记住，战争的首要规则是了解你的敌人。

纳尔逊·曼德拉在狱中时，学习的首批科目之一是南非荷兰语：他敌人的语言。[8]这让他的许多同志感到惊讶，甚至震惊，但他认真地学习了这门语言，并要求他的同志们也这样做。曼德拉随后深入研究了南非白人的历史和布尔战争①的悲剧，对他们的群体心理和文化有了深刻的了解。在这个过程中，他对南非白人产生了深深的尊敬——尊敬他们的独立精神、他们的宗教信仰，以及他们在战斗中的勇气。后来，事实证明，当谈到说服政府接受他对残酷而不公正的种族隔离制度所说的直截了当的"不"时，他对对方的这种理解带来了巨大的帮助。

问一些明确事实的问题

如果你不确定对方为什么要提出要求或做出不恰当的行为，不要只是猜测，而是试着询问。问一些明确事实的问题，比如："这里有什么问题？""您能帮我了解您的需求吗？"

想象一个对关键客户说"不"的挑战场景。这是一家大型知名计算机公司的软件开发人员面临的困境，该公司的客户基于对现有软件技术的有限了解，不断要求定制解决方案。在很长一段时间里，软件开发人员说了"是"，试图提供良好的客户服务，但事实证明，这样的解决方案太耗时和太昂贵，导致客户不满意，也让开发人员的老板开始抱怨成本。然而，直截了当地拒绝也会

---

① 布尔战争是英国与南非布尔人建立的共和国之间的战争。历史上有两次布尔战争，分别发生在1880—1881年和1899—1902年。在第二次布尔战争中，有数十万布尔平民被关进了集中营，并有超过一万名平民在此期间死亡。两次布尔战争奠定了南非独立的族群文化认可基础。——译者注

让客户非常不高兴。

然后软件团队发现了问"为什么"的好处，并试图找到客户的潜在需求。他们问道："为什么这项功能会对你们有帮助？"起初，客户有点儿不愿意与技术人员谈论他们的业务需求，但当他们发现通常已经有一些功能可以根据他们的目的进行配置并大幅缩短交付期和降低成本时，他们急切地回应了这种新方法。这就是提出明确事实的问题的力量。

有时，当你要对某人说"不"的时候，你们之间存在误会，你没能掌握完全的事实。表示尊重的一种方式是对对方持怀疑态度——直到你自己通过提出明确事实的问题来进行核实。

认可对方

倾听和问问题是很好的第一步，但通常你需要走得更远。在商业和政治中，就像在家里一样，一切归根结底都是个人层面的问题。如果你不先认可对方，不管你对他们行为的感受如何，你都不能指望他们听到、理解并接受你的"不"。如果你希望对方接受你的"不"，而不是做出惩罚性的反应，你就需要想方设法确保你的"不"不会被当作对对方个人的拒绝。这需要一个双重信息：当你对有问题的请求或行为说"不"时，要对那个人说"是"。

认可并不意味着同意对方的观点。这并不意味着做出任何实质性的让步，也不意味着高看对方。它所代表的只是一种认可。所有人都有一个基本的需求——被认可。认可意味着对方不是无名小卒，而是一个重要人物，一个存在的、和其他人一样拥有需求和权利的人类同胞。[9] 认可也许是尊重的本质。

在关系紧张的情况下，拒绝认可对方是很自然的，也是很常见的。我曾经促成委内瑞拉冲突各方领袖之间的一次磋商，在其中的激烈时刻，加拉加斯天主教大学的校长介入，发表了一则强有力的声明："让我们从三件事开始。第一，对方是存在的。第二，对方的利益是存在的。第三，对方的权力是存在的。"他的干预正中关键——因为缺乏对对方的基本认可是在委内瑞拉冲突中取得进展的一个核心障碍。这位校长的三条认可对任何卷入冲突的人——无论冲突大小——都是很好的提醒。

想想迈克尔·艾斯纳的继任者、迪士尼公司的首席执行官罗伯特·艾格平息股东反抗的方法。[10] 华特·迪士尼的侄子罗伊·迪士尼和投资人斯坦利·戈尔德对艾斯纳的政策和个人策略感到沮丧和愤怒，他们辞去了迪士尼董事会的职务，并在网上发起了一场反对艾斯纳的运动，导致在公司年度股东大会上，有多达45%的股东拒绝投票给他。当艾斯纳青睐的候选人艾格被选为首席执行官时，罗伊·迪士尼和斯坦利·戈尔德又起诉公司董事，指控他们操纵遴选过程。因此，艾格在获得最高职位后做的第一件事就是亲自拜访罗伊·迪士尼，并邀请他成为公司的顾问，授予他荣誉董事的头衔。换句话说，他理解罗伊·迪士尼的担忧，并肯定了罗伊多年来对公司忠诚服务的价值。罗伊·迪士尼同意结束股东的反抗，并关闭了反对网站。"艾格先生所要做的就是对迪士尼先生表示一些尊重。"《经济学人》杂志这么写道。一点点尊重可以起很大的作用。

认可对方的观点

认可别人的一种方式是认可他们的观点——但不必同意他们的观点。

在回应对方的请求时，你可能会说："我理解你的问题。我自己也遇到过这样的情况，然而我不能照你说的做。"或者你可以感谢某人的邀请："感谢你能想到我。遗憾的是，我在那个时间没空。"

作为对对方不当行为的回应，你可以先给他们一点儿怀疑的便利。如果对方在办公室吸烟，在你要求他们停止吸烟之前，先承认他们可能不知道办公室的规定："禁止吸烟的标志可能有点儿难看到。可以请你们到外面抽烟吗？"即使他们确实看到了标志，这种方法也能帮助他们保全面子，给他们选择另一种行为的机会。

从对方的角度出发可以帮助你与他们建立联系，这样你就可以传达你的"不"。对一个拿着一根点燃的火柴的小孩子说"不"，他的姑姑是这么做的，她惊呼道："啊！你做到了！它点燃了！你知道人类花了多长时间才发现火的力量吗？"然后她坚定地解释了为什么他不应该再点燃火柴："现在你知道怎么能点燃火柴了，我想请你向我保证，你不会再这样做了。这很危险，可能会烧毁房子。"[11]比起她可能很容易做的那样——立即做出恐惧和愤怒的反应，她选择了用喜悦把他们两个人联系在一起，然后说出了"不"。

让他们知道你重视他们

我曾经让一位美国海军陆战队基地指挥官参加了我在哈佛大学组织的一次研讨会。他从日本的基地远道而来，因为他想提高自己的谈判技巧。课程结束时，他说给他印象最深的一课就是表示尊重的重要性。他突然意识到，他之所以与十几岁的儿子打交道遇到这么多麻烦，是因为他没有给予儿子足够的尊重。他决心做得更好，让他的儿子知道他多么重视他，尊重他的观点，即使在他们意见不合的时候。

如果说"不"会让你们的关系变得紧张，那么从肯定这段关系开始会很有帮助。我的一个朋友和他的配偶正在经历一次试探性的分居。他们之间的关系如此紧张，以至于两人很难就敏感的财务问题进行对话。他发现，更能起作用的方式是，在提起手头的这个议题之前，先肯定他们之间的关系，明确他们的关系比分裂他们的问题更重要。他还发现，一起做一些小事很有帮助，比如和女儿一起准备家庭晚餐，这让他们想起了是什么让他们团结在一起。

肯定对方的价值可以产生持久的影响，使对手之间建立真正的尊重关系。听一听丹娜·史密斯的话，她带头发起了一场跟环境相关的抵制运动，目标是家具用品零售巨头史泰博，因为该公司销售的纸制品是砍伐古老的森林而制成的。她说："我们在运动中提出了一个观点，并以此与高管建立建设性的关系。我们非常努力地让他们明白，我们在这些问题上态度强硬，但我们重视在这家公司工作的人，我们知道破坏森林不是他们个人的意愿。"[12]

尽管对于经常将商人视为敌人的环保组织来说，这可能是一种不同寻常的策略，但正是这种尊重对方的方法——对人温和，对问题强硬——最终成功地说服了史泰博采取环境友好的做法。用史泰博董事会副主席乔·瓦萨卢佐的话说："一个曾经非常糟糕的对抗性局面已经有了很大改善。我并不是说我们在每件事上都意见一致，但我认为，由于我们的沟通过程，我们的思想有了更大的交融。分歧仍然存在，但它是在一个更具协作性和更积极的环境中。我们的态度已经变得更好了。"这就是一点点尊重所能做到的。

用认可给他们带来惊喜

你拥有的最伟大的力量之一就是用认可的姿态给对方带来惊喜的能力。

听一听特洛伊·查普曼的故事,他是跟我通过信的一名囚犯,目前正在联邦监狱长期服刑。[13]查普曼写道:"一个男人试图将我挤下人行道。这在监狱里很常见,因为害怕和愤怒的年轻人总试图展示他们有多强壮。多年来,我一直在应对类似的情况,我总是从两个方面来看待它们:要么后退,要么进攻。这一次,我突然想到了另一个选择。我还记得当我走下人行道,摸了摸他的肘部,问他'你好吗'的时候,那人眼中的困惑。我让开了,但我没有后退。我也和他发生了互动,但是在不同的竞技场上。他茫然失措,只是喃喃地回答了几句,然后继续往前走。但我用我们都懂的语言告诉他:'我不需要敌人。'"

查普曼没有选择攻击或迁就,而是通过承认对方是自己的人类同胞,用一句"你好吗"给对方带来了惊喜。实际上,查普曼把游戏从"敌人游戏"变成了"尊重游戏"。尊重是退让和进攻之间的制高点。查普曼对冒犯性的挑衅说"不",对这个人说了"是"。这就是认可的变革性力量。

国际政治中最戏剧性和最令人惊讶的前沿行动之一，是1977年埃及总统萨达特前往耶路撒冷。[14]"我想从这次访问中得到的是，"萨达特在他前往耶路撒冷的历史性飞行中对一名记者说，"推倒我们和以色列之间建立的（不信任的）心理墙。"对以色列人来说，没有比这更令人惊讶的访问了，因为在那之前，从未有任何阿拉伯领导人公开承认以色列是一个国家，甚至承认它的存在。

萨达特在向以色列议会发表讲话时，呼吁结束以色列对阿拉伯土地的占领，就像他之前在开罗所做的那样。但这一次，他戏剧性地承认了对手的存在："以色列已经成为全世界和超级大国都承认的既成事实。我们欢迎你们与我们和平安全地生活在一起。"他由此创造了一种相互尊重的气氛，在这种气氛中，和平对话得以继续。这场对话的结果是双方签订了和平条约，以色列的军队和定居点全部撤出西奈半岛。

我们中的任何一个人都可以在日常生活中使用能给人带来惊喜的认可的力量。如果你在家中、在工作中或在更广阔的世界中面临艰难的处境，你试图与对方建立联系，而对方却拒绝听你说完，那么你值得问问自己："这比得上飞到耶路撒冷去吗？"换句话说，什么样的行为会给对方带来惊喜，让对方突然愿意听到你说"不"呢？

从一个积极的基调开始积极说"不"

认可的目的是为开始与对方对话定下建设性的基调。

一位拉美商界领袖曾告诉我,他和其他企业高管近期与他们国家的总统开了一次颇有挑战性的会议。高管们安排了这次会议,讨论他们对国家经济问题的担忧,并建议改变某些经济政策。换句话说,他们是在对现状说"不"。当他们开始他们的议程时,这位商界领袖注意到——从"楼座"俯瞰的角度——随着高管们提出他们担心的议题并提出建议,总统变得越来越防备。总统感觉受到了人身攻击,于是开始攻击每一位发言者。

因此,这位商界领袖打断了会议,说:"对不起,总统先生,我们似乎一开始就走错了路。我们在此感谢您在第一个任期内在经济改革方面取得的显著进展,并希望看看我们商界人士如何能帮助您在第二个任期内推进这些改革。"这位商界领袖告诉我,结果是总统明显放松了下来,会议持续的时间是原定时间的两倍,最后总统邀请高管们与他的政府一起担任商界的倡导者。

当你准备说"不"的时候,你很容易就会径直跳到这个话题上,就像企业高管在与该国总统会面时所做的那样。你可能会认为对方会理解你是带着建设性的意图的,但就像总统那样,他们可能会将你的反馈视为对个人的否定。通常，明智的做法是从一个积极的基调开始给予认可。

"您做得很好，准备了那场报告。但这个案例不足以让我们继续这项申请。"一位客户对我研讨会的一位参与者说。这位参与者后来认为这是一个有效的"不"，评价道："它让我感到被重视。这句话直截了当、简明扼要，他说这个'不'时没有任何负面情绪。"

从积极的方面开始，一种方法是礼貌地询问，以获得对方的时间和注意力："如果能和您聊两句，我将不胜感激。""我能占用您一点儿时间吗？"充满尊重的请求将有助于让对方做好倾听你的准备，并使你的"不"看起来像是对他们的请求或行为做出的合理且可接受的回应。

把你自己想象成实际上是在邀请对方参加一场建设性的讨论，几乎就像是在邀请他们参加一场友好的体育比赛。就像一位经理曾经带着浓重的苏格兰口音微笑着对我说的那样："来和我谈谈吧，我得跟您抱怨两句。"

作为邀请的一部分，让对方知道这对他们也有好处，而非仅仅对你有好处。你可能会对你有问题的同事说："我想讨论一些我认为能让我们更有效地合作的事情。"对你的配偶，你可能会说："我想和你谈谈一些能帮助我们更好地沟通的事情。"换句话说，阐明你渴望你们两人能共同拥有的积极未来。

准备，准备，准备

我们现在已经到了准备阶段的尾声。你已经揭开了你的"是"的面纱，为你的"不"赋能。通过采取尊重的态度，你也已经让对方做好了说"是"的准备。

无论你有多熟练，没有什么可以替代事先有效的准备和练习。就像拳击冠军穆罕默德·阿里所说的那样，他喜欢指出："在聚光灯下起舞之前，我已经在路上跑了很久了。"

现在你已经准备好说"不"了，是时候真的说"不"了。我们现在就进入这个过程的第二阶段。

第二阶段
表达

第四章
表达你的"是"

像一棵树那样追寻你的事业。

站稳,牢牢扎根,向上猛刺。

再顺着天堂之风弯折。

最后学会宁静。[1]

——给森林学家理查德·圣巴布·贝克的悼词

积极说"不"是整个过程的关键,而做到这一点既需要技术,也需要技巧。这个过程从肯定("是!")开始,接着设置界限("不"),最终以提议("是?")结束。

想象一下,你拒绝了为一个当地社区组织做演讲的邀请:"很高兴收到你们的来信,也很高兴了解到贵中心正在做的所有宝贵工作。但由于家庭原因,我现在无法进行任何额外的投入。明年,如果你们还有兴趣,我很乐意再次考虑参与。谢谢你们想到邀请我。"在最初的致谢和表达尊重之后，你通过对你的利益（"家庭"）说"是！"，开始了积极说"不"。你继续以一种不否定的、实事求是的方式坚持了你的"不"（"我现在无法进行任何额外的投入"）。接下来，你会提出一个"是？"，即一个替代的解决方案（"明年，如果你们还有兴趣"）。当你结束的时候，就像你开始时一样，你表达了对对方的尊重（"谢谢你们想到邀请我"）。

当然，顺序并不僵化，正如我们将看到的，但这是积极说"不"的基本三步结构，前后各带有一个表示尊敬的姿态。

在接下来的三章中，我们将依次探讨积极说"不"的三个部分，从第一部分"表达你的'是'"开始。

"是"的目的

为什么不直接跳到"不"呢？一个简短的回答是：你需要设定好你的"不"才能成功。

我的一位朋友有个儿子在空军学院上学。他对此感到非常自豪，并对儿子寄予厚望。然而，在接受教育的过程中，他的儿子打电话给他，告诉他："我现在意识到，对于我想成为什么样的人这件事，我之前的想法错了，我想退学。它无法让我为我想过的生活做好准备。"尽管这个消息让这位父亲感到震惊和失望，但他还是向我表示，这是他收到的最好的"不"。"为什么？"我问他。"因为这是发自内心和经过深思熟虑的。"那位父亲回答说。儿子的"不"十分有效，因为它扎根于关于他是谁和他想从生活中得到什么的"是"当中。

将这个案例与我的一个客户从银行收到的"不"做一下对比。"当牵头银行退出时，我们口头达成的一项贷款协议告吹。这位银行家打电话给我们说：'我打电话是想告诉您，我们无法达成协议了。我不能告诉您为什么，但那不是您的原因。这背后另有原因。'他不愿进一步解释。我完全无能为力。"由于缺少解释，这个"不"变得令人难以接受。

当我请我研讨会的参与者分享他们收到过的最糟糕的"不"时，最常被引用的是他们十几岁时收到的父亲或母亲的拒绝："不——因为是我说的，这就是原因！"这是一个纯粹以权力为基础的"不"，丝毫没有展现任何对对方的关心。我的参与者们都是成年人，通常是组织中的高层管理人员，但当他们回忆起这些"不"的时候，他们仍旧会感到沮丧和愤怒。"我从未原谅这种做法。"一位经理写道，她曾被告知她无法实现自己计划已久的一趟高中毕业后的自费欧洲之旅。

你最初的"是"有两个基本目的：它确认你的意图，并解释你为什么要说"不"。

确认你的"是"

恐惧和内疚常常会阻碍你说"不"。确认你的"是"能让你的"不"深植于你的积极意图的力量当中，表明你多么投入解决你所关心的问题。你的"是"会给你的"不"注入信念和力量。

1964年，当纳尔逊·曼德拉在南非因叛国罪被捕受审时，他坚持在法庭上发表公开声明，违背了律师的建议。[2] 律师警告他，他的声明可能会为他招致死刑。但曼德拉认为，向南非人民公开表明他的意图的机会是值得冒生命危险的。他演讲的结束语总结了他的"是"："在我有生之年，我一直致力于非洲人民的这场斗争。我反对白人统治，我也反对黑人统治。我一直珍视一个民主自由社会的理想——在这个社会里，所有人都和睦相处，机会均等。这是我希望为之而活的理想，也是我希望实现的理想。如果需要，这也是我愿意为之牺牲的理想。"

确认你的意图是一种创造性的行为。你正在迈出创造新现实的第一步。曼德拉明白这一点，并愿意为这个人人享有自由的新现实献出自己的生命。事实证明，他的直觉是正确的。他对自由明确表达的"是！"在南非，甚至在世界上引起了共鸣，直到自由到来的那一天。

积极的"不"的本质就是坚持而不拒绝——坚持自己的利益而不拒绝对方。你站在你的立场上，而不侵犯对方的立场。你最初的"是"是实现这种微妙平衡的关键。

解释你的"不"

因为对方很容易误解你的"不"，并将错误的动机归因于你，所以你的"是"是一个机会，可以让你澄清自己说"不"的动机。它为你提供了一个机会，让你向对方表明，你并不是要拒绝他们个人，而只是想要保护对你来说重要的东西。

让我们参考一位高管的例子。他经常出差，大部分饭菜都是在餐馆里吃的。多年来，他一直承受着心脏病的折磨，这使得他绝对不能吃黄油或油。通常，当他向服务员解释他的特殊饮食要求时，他会遇到阻力，无法坚持到底。他们并不真正理解他的"不"，认为他是给他们带来麻烦的某种怪人。他很想去攻击对方，但这对他的心脏也不好。

因此，他决定用直观的解释来阐明他的动机，解释为什么这对他如此重要。他抓起一支笔，在餐巾纸上画了画，礼貌而坚定地说："看，这是我心脏的三条动脉。一条是100%阻塞的，一条是85%阻塞的，第三条是65%阻塞的。我的医生说如果我吃了黄油或油，我就会死。所以我可以请您把这条鱼拿回去重新烤一下，并且不添加任何脂肪吗？"这位高管发现，服务员随后显而易见地对他澄清自己动机的行为做出了乐意的回应。

你如何以一种具体的方式表达最初的"是"？有3个主要的工具可供你使用：陈述事实的"那"陈述，解释你的利益和需求的"我"陈述，以及援引共同利益或标准的"我们"陈述。你在建构你的"是"时，可以选择最适合你和你的情况的一种陈述或陈述组合。

使用"那"陈述

你如何指代不恰当的、冒犯的或辱骂的行为，或是不合理的、不受欢迎的要求？人类的一种自然倾向是用手指指着那个人说："产品被推迟发布是因为你的团队花了太长时间来组织，也因为你做了太多的修改。"

然而，这种"你"陈述自然会激起对方的防御心理和应激反应。一种更中立的、有效地传达相同信息的方式是用"那"来代替"你"："由于做了那不少的更改，产品被推迟发布了。""那"陈述避免将人和行为混为一谈。"那"陈述是对事实所说的一个简单的"是"。没有责备，没有评判，只有简单明了的事实。注意:"那"陈述并不一定意味着句子以"那"开头,只是意味着它以事实为基础。

坚守事实

因为对方可能对情况有非常不同的看法,你的描述越客观,对方就越难挑战它,也就越容易接受将它作为谈话的基础。

我的朋友凯瑟琳有过一次经历,她努力与同事汤姆共同管理一个小型志愿组织,但他总是在没有事先与她交谈的情况下做出决定。这让她心烦意乱,以至于有一天她当面质问他:"汤姆,你总是仓促行事,没有征得我的同意就做出了决定。你太不尊重我了!"当然,汤姆做出了防御性的反应,结果就是一场徒劳的争论,双方相互指责。

在第二次与汤姆接触时,凯瑟琳采取了不同的策略。她首先对汤姆的工作表示肯定,然后将注意力集中在手头的问题上,并保证只就事论事:"两周前,我们小组收到了一份通知,要参加一场你我事先没有讨论过的会议。然后,上周五,原本在主页上的活动日历被移到了另一个页面上。我不记得有人就那个决定征询过我的意见。"面对简单明了的事实,汤姆能够准确地理解是什么行为困扰着凯瑟琳。

解决问题的关键是要清楚地、中立地描述有问题的行为,而不是发火。你应当让陈述保持纯粹和简单。

如果你因为对方违背诺言而心烦意乱,你第一个冲动的反应可能是说:"你违背了诺言!你不值得信任!"然而,如果你想看到对方做出改变,更有效的做法是不直接攻击对方,而努力关注有问题的行为,提醒对方已经做出的承诺:"星期日晚上吃饭的时候,你说过你会在周二早上把垃圾拿出去。今天晚上,当我回来的时候,我注意到垃圾还在车库里,而且臭气熏天。"要明确而具体,坚持实事求是。

当"不"对接收者来说意味着坏消息时,它可能很难被传达。以事实为基础的方法可以帮助接收者接受"不"。"查理,我很抱歉地告诉你,我们决定聘用艾尔担任学校负责人。我们的决定基于这样一个事实,即他在管理方面有更多的经验。你的资历堪称典范,这对我们而言是一个艰难的决定。"查理后来告诉我,尽管他很失望,但他觉得这是一个非常有效的"不",他评价说:"我尊重这个过程,这是公平的。他们坚持了事实,而且他们的决定是合理的。"

有时你也需要直言不讳。"听着,老实说,"老板对没有得到期望中的晋升的员工说,"你在工作中的表现有一些严重的问题。"员工可能不喜欢听到这样的话,但最终他可能会学到一些非常有用的东西,而且在任何情况下,这对他来说都比老板闪烁其词更好。如果你在坦诚的同时还带着同理心和尊重,坦诚待人就会很管用。

对问题严苛，而不要对人严苛。

小心你的措辞

没有什么任务比学会在不加评判或谴责的情况下描述对方的行为更困难——也更重要。

当我的女儿加布里埃拉上幼儿园的时候，幼儿园发的小册子上明确说明了什么是不能做的：不推搡、不踢人、不捶人、不打人、不咬人等。虽然我们中的大多数人在说"不"时不会推、踢、捶、打或咬对方，但我们经常用更微妙的方式攻击对方，比如用话语、语气和肢体语言。重新训练自己意味着我们要学会认识到我们言语的破坏性影响和责备间接传递的方式。

对对方使用"应该"

一种常见的责备方式是使用"应该"或"不应该"这两个词，这通常伴随着评判："你应该学会如何表现得更好！""你不应该这么做。"更为中性的措辞应该是："这种行为给我们双方都带来了问题。"一种非常有用的做法是试着不用"应该"这个词和对方说话，这会增加对方对你的信息的接受度。

评判性的或主观的语言

当你描述对方的行为时，你很容易做出评判。再想想凯瑟琳一开始说的话:"汤姆,你总是仓促行事,没有征得我的同意就做出了决定。你太不尊重我了!""仓促行事"是主观的语言,带有评判的意味。她在指责汤姆行事操之过急。"持续推进"可能是描述同一行为的一种更中立的方式。类似地,"太不尊重"也是一种评判。凯瑟琳把可能根本不存在的恶意推到了汤姆身上。

通常情况下,评判是显而易见的,比如:"这是一个不合理的要求。""你的行为太恶劣了。""可笑!"然而,在其他情况下,评判被表达得更隐晦,但其表达方式仍然会带有相当明显的负面和批判意味。在两个工作伙伴讨论如何为他们的专业服务收取共同费用时,其中一个对另一个说:"我不想收取你建议的较低的费用。我就是不想表现出那种贫乏的姿态。"更中性的说法应该是:"我相信我们的服务值得收取更高的费用。"

评判对方可能会让你感到满足,但即使是偷偷地通过一个词的细微差别,这种行为也很少能逃过对方的注意。它会激起愤怒、防御性和怨恨的情绪,让对方更难理解真正的问题所在。因此,评判最终会使你想传达的信息变得混乱。更有效的做法是陈述事实,让对方得出自己的结论。与其告诉你的客户"您的要求是完全不合理的",不如坚持事实:"如果我们按照您的要求进行修改,产品将延迟 3 个月交货,成本将增加 10 万美元。"

你可以坐在那里评判对方,也可以有效地说"不",但你无法两者兼而为之。

绝对化的陈述

"你永远对我做的饭菜感到不满意。我做的所有事对你来说从来都不够好!"配偶中的一方愤怒地对另一方说。

"你在说什么?"回答来了,"你总是那么敏感,好像我做的每一件事都以让你不快告终!"

"你又来了,总是贬低我!"第一个人接着喊道。争吵继续。绝对化的陈述或许能表达你的情绪状态,但不能清楚地传达问题的本质,也无助于解决问题。

请警惕"永不""始终""没有什么""一切"这样的表达。这些表述不是对事实的观察,而是夸张。从对方的一个或几个冒犯行为中得出一个绝对的结论,然后就此将对方放在一个他们无法逃脱的盒子里。如此,一个可以纠正的问题被夸大为一个不可能的挑战。自然,对方会变得有戒心,以不真实为由拒绝绝对化的说法,并在此过程中忽视具体的冒犯行为本身。

相反,想一想如果上面第一个人简单地描述了事实,会发生什么:"昨晚,我注意到你把我为你做的饭菜喂了狗。今晚,我看到你又在做同样的事。我的感情受到了伤害。"这种不加评判的语言——以中性的而不是讽刺的语气表达——很可能会得到与另一种表达截然不同的回应，这一回应进而可能推动对话的延续。

简而言之，不要责怪，不要羞辱。坦率地说出你的事实，但不要用残忍的说法。把你的攻击留给问题，而不是人。正如一句谚语所说："说出你想表达的意思，你想表达的意思要与所说的话一致，但不要刻薄地说。"

使用"我"陈述

传达你的"是"的另一个非常有用的工具是"我"陈述。"我"陈述是对你的经历的描述，而不是对对方缺点的描述。因为"我"陈述指的是你的感受和需求，所以对方更难质疑。

"我"陈述可以与"那"陈述组合应用，如下所示：

- 描述事实："当情况 X 发生时……"
- 表达你的感受："我的感觉是 Y……"
- 描述你的利益："因为我想要或需要 Z。"

例如，一周后，当凯瑟琳再次找到汤姆时，她说："对不起，我上周发脾气了。当你没有征求我的意见就做出这样一个重要的决定时,我真的很沮丧,因为这让我感觉被忽视了。我希望我的意见被采纳,也希望能够参与决策。""我"陈述和"那"陈述的结合不仅说明了是什么行为让她心烦意乱,也让汤姆更容易接受她的抱怨。

请注意,将"我"放在评判前面并不会自动使其成为"我"陈述。"我觉得你是个白痴"不是"我"陈述。使用"感觉"这个词也不一定有帮助,比如"我感觉你是个骗子"。当心伪装成"我"陈述的"你"陈述。

"我"陈述不只是词语的机械重组,你的语气和态度比语言本身更重要。如果你感到愤怒、恐惧或内疚,那么即使用最好的措辞,这些感觉也很容易流露出来。这就是为什么你事先要做的内部准备是必不可少的,因为它能让你把消极的情绪转化为积极的意图。

表达你的感受

诗人威廉·布莱克曾富有洞察力地写道:"我对我的朋友很生气/我说出了我的愤怒/我的愤怒消失了/我对我的敌人很生气/我没有说出来/我的怒火增长了。"[3]

如果说你在描述事实时是在寻求客观,那么现在就是寻求主观的时候了。如果在文化上合适,试着用第一人称说话。与其说

"你让我失望了",甚至"情况令人失望",不如说"我感到失望"。这是你表达内心真实感受的机会。

在说出你的事实时,没有必要让对方感到自己错了。你可能会觉得自己是对的,但你是对的,并不需要证明对方是错的。凯瑟琳不需要向汤姆证明他把她排除在决策之外是错的。一场"我对你错"的争论可能会没完没了地持续下去,永远不会给你带来任何结果。即使另一方显然是错的,以这种方式框定讨论可能也不会有什么成效。此时此刻,比谁对谁错更重要的是你的感受和需求——以及他们的感受和需求。

你要对你的感觉负责。凯瑟琳在提到她需要被纳入决策时向汤姆承认,被遗漏的感觉对她来说是一个特别敏感的问题。

以一种可控的方式描述或表达你的感受,与冲动地发泄不同。心理学家发现,向对方发泄可能是一种适得其反的降温方法。愤怒的爆发非但不能降低一个人的愤怒程度,反而还通常会提高愤怒程度——实际上,还会延长愤怒情绪持续的时间。[4] 一种更有效的方法是先"去楼座",明确你的想法和目的,然后走向对方,简单地描述一下你的感受。

说出你当下感受的真相会对对方和你的处境产生真正的影响。听一听来自改变湾区组织(Impact Bay Area)的一位训练师的经历。改变湾区是一家教女性如何保护自己免受身体攻击的组织:"说'不'最有力的一点是,它撕破了许多袭击者试图给暴力冲突披上的外衣。他们想尽可能长时间地假装正在进行的是正常的社交活动。说'不'可以通过说出正在发生的事情的真相来点破这一点。事实上，说出真相（比如'我感觉不舒服，因为已经很晚了，你站得离我太近了。请退后好吗'）通常会缓和局势。因为它表达了你已经准备好坚持你所说的真相/对这场遭遇的看法，而不是让对方按照自己的方式去框定（比如'你想让我过去'）。"[5]

你不仅可以表达消极的情绪，也可以表达积极的情绪。"客户要求大幅降价，"一位经理告诉我，"所以我说：'我们强烈认为我们的品牌和技术值得花钱，我来告诉您我为什么这么看。'这种表达确实帮助客户理解了我们对自己的品牌多么热情，并帮助他们认识到了这个品牌的价值。"

描述你的利益

一旦描述了你的感受，你就可以简单、清晰、干净利落地解释你的利益了。

一个周末，我的儿子克里斯从大学回到家，描述了他近期收到的两个截然不同的"不"，它们来自他有好感的两个年轻女孩。第一个年轻女孩让她的一个朋友来暗示她对恋爱不感兴趣。在一个间接交流的文化中，这可能是可以接受的，但在克里斯所习惯的更直接的文化中，他感觉他收到了非常奇怪的"不"，就好像这个话题太有问题了,以至于不能公开讨论。最终,他感觉他与这位女性朋友疏远了。

第二个年轻女孩则采取了相反的做法。她来见他,告诉他她想和他谈谈。在接下来的谈话中,她解释了她的利益诉求。她认识的人不多,觉得有必要扩大她的社交圈,所以她觉得自己还没有准备好谈恋爱,更愿意继续做好朋友。最后,克里斯虽然失望,但感觉和她作为朋友反而更亲近了。

这两个"不"的不同之处在于第二个女孩用了"我"陈述来解释她的潜在利益。她既保护了这些利益,又通过提供真诚和直率的解释加强——而不是削弱了两人之间的关系。

表达你的"是"也可以具有变革性,特别是对于那些倾向于迁就和回避的人来说。我有一个名为弗朗西丝的朋友,她被诊断出患有乳腺癌。她的外科医生让她焦虑不安地等了两周才告诉她令人担忧的活检结果,她感觉自己受到了不好的对待。起初,她担心失去医生的诊疗,倾向于接受这种糟糕的对待,但后来她决定直言不讳,为自己承担责任。对弗朗西丝来说,这意味着要告诉她的外科医生她的忧虑。她向他表达了简单明了的事实,描述了她的经历,最后向他宣布:"我应该得到高质量的诊疗,我已经对你失去了信心。"[6] 弗朗西丝没有攻击对方,只是站出来维护了自己的利益。

结果是什么?对自己的需要说"是",使弗朗西丝感到如释重负、精力充沛，最重要的是，她维护了自尊。这也让她可以执行她的替代方案，寻找另一位外科医生。她转向了她所说的"关怀和能力都出类拔萃的医生'梦之队'"。至于第一位外科医生，他的护士后来告诉弗朗西丝，她很高兴弗朗西丝能直言不讳，因为她的坦率会让下一位病人的境遇变得更好。

有时，你可能会感到犹豫或担心对方会如何回应你的"不"，即使他们先得到了一个解释性的"是"。在疑惑的时候，提醒自己，你不应该为对方的反应负责。你有责任清楚地表达你的感受和利益诉求，有责任发表一则有礼貌的自我陈述，然后由另一方选择如何回应。

使用"我们"陈述

如果你对单独表达你的利益感到不舒服，担心你的拒绝可能会显得片面或自私，或者与团队精神背道而驰，你或许可以把表达的框架从"我"扩大到"我们"，着眼于双方共同的利益，或援引共同的原则、公认的标准。换句话说，使用"我们"陈述。

着眼于共同的利益

你的利益很少仅关乎你一个人。它们通常还包括更大的群体的共同利益，无论是你的家庭、组织还是社区。例如，你可能不喜欢对客户说："我不能为您定制产品，因为这会减少利润。"但你可以把你的利益框定到更大的客户群的共同利益上。"为了维持我们所有客户所期望的低价，我无法提供一个定制版本。您是否有兴趣使用现成组件来解决您的特定问题？"

参考一位参加了我的研讨会的经理如何仔细地向她的上级解释为什么她不接受他们提供给她的新工作。她不仅提到了自己的利益，也提到了公司其他人的利益："我在一家大公司工作，在这里对新的工作机会说'不'是非常限制职业生涯发展的。我刚刚获得了一个新岗位，买了一栋新房子，搬了过去……然后在一个星期四，我接到一通电话。他们希望我周五飞越半个美国参加面试……然后在周一开始新的工作。这是一次在制造业中的横向调动，我已经在这一行工作12年了。我说：'我需要一晚上考虑这件事。'他们说那是不可能的，第二天的票已经买好了。所以我说：'给我一个小时。'他们同意了。

"我想，如果我说'不'，我就会毁了自己获得新职位的机会。我怎么能以对公司有利的方式说'不'呢？我想了一个小时，然后给他们回了电话。首先，我感谢他们考虑让我承担这个职务。然后我说，我已经有机会在制造业工作，我担任这一职位会阻碍其他人获得这个机会，而他们需要这些机会才能在这家以制造业为导向的公司取得进步。最后，我总结说：'因此，我想把这个机会留给别人。'那是5年前的事了。但在那以后，我还是得到了很多新的工作机会。"

援引共同的标准

另一种让你的"是！"具有说服力的方式是，将其建立在共同的标准或价值观，如平等、公平或质量上。

参考管理学研究员吉姆·柯林斯和他的团队研究过的一个商业案例。[7]当乔治·凯恩成为雅培公司的首席执行官时，该公司正懒散地坐在制药行业的尾部阵营。凯恩意识到，公司表现平平的主要原因之一是裙带关系，也就是无论家族成员的能力如何，公司都会给他们提供职位选择。柯林斯写道："凯恩没有鼓舞人心的个性……但他有更强大的东西：鼓舞人心的标准。"

凯恩对裙带关系说"不"始于一则"我们"陈述，对卓越的一个强有力的"是！"。凯恩是雅培前总裁的儿子，他向包括他的亲属在内的所有人明确表示，只有他们在职责范围内有能力成为业内最好的高管，他们才能留任。"凯恩家族的假日聚会可能有几年都会剑拔弩张。（'对不起，我不得不解雇你。想再来一块火鸡吗？'）"柯林斯说道。但最终，家族成员对财务结果感到满意，因为凭借对卓越说"是"和对裙带关系说"不"，凯恩将雅培变成了一家业绩一流、利润丰厚的公司。

援引共同标准也帮助平息了1962年古巴导弹危机期间可能引发世界大战的一起国际事件。这个故事出自前一章描述的同一系列会议。在众多千钧一发的事件中，可能最不为人所知的是曾有一艘装备有核鱼雷的苏联潜艇潜入了北大西洋。一艘美国军舰向这艘潜艇投放了深水炸弹，试图迫使它浮出水面，以便追踪。对于苏联船长来说，随着气温的飙升，以及他的潜艇氧气的耗尽，这已经是一次需要报复的袭击。他命令做好核鱼雷发射的准备。

苏联海军的程序——共同的行为标准——需要另外两名军官同意开火。一名大副立即表示同意，他大叫："我们现在就去炸掉他们！我们会死，但我们会把他们全部击沉！我们不会让我们的海军蒙羞！"但另一名大副瓦西里·阿尔希波夫说了"不"，他提醒另外两人，海军规定潜艇只有在船体被击穿的情况下才被允许开火，但实际上这并没有发生。"阿尔希波夫是一个从来不失冷静的人，"多年后，他的一位密友解释说，"船长陷入了狂怒。局势非常紧张，每个人都在咒骂。然后，谢天谢地，所有人最终都平静了下来。"

"如果鱼雷发射了，核战争可能就在那里爆发。"罗伯特·麦克纳马拉在30多年后评论这一事件时说。一个普通人在正确的时间以正确的方式说"不"，可能拯救了世界。

在不说"是"的情况下表达你的"是"

如果你的"不"与理性无关，只是凭直觉，那就没有必要编造理由或借口。想象一下，你对借给朋友一大笔钱感到不安。你的大脑会为不这样做找各种可能的借口："我自己可能需要钱。""如果我的另一半发现了这件事，她会很难过的。""如果你忘了还我钱，我不想还得由我来提醒你。"这些理由都没有真正触及问题的真相，那就是你觉得借钱不舒服。现在是相信你的直觉的时候了，这是你说"不"的一个完全合理的理由，即使这是你唯一的理由。所以可以考虑简单地说一句："对不起。我只是觉得这样做不舒服。""很抱歉，我做不到。"然后就别管它了。

如果有人要求你做一些你不想做的事情，有时最好的回答是最直接的："我不喜欢那么做。"这就已经说得够多了。没有必要发表冗长的演讲或找借口，那只会让你失去力量，没有必要用"啊"或"嗯"来换取时间。你的解释要简明扼要。通常情况下，解释越短就越有力。

虽然解释你的利益诉求通常是最有礼貌的事情，但有时最有效的解释并非如此。在嗜酒者家庭互助会的某些圈子里流传着这样一种说法："'不'就是一个完整的句子。"意思是，在某些情况下，你不需要向对方解释你的"不"。如果你要拒绝一种含酒精的饮料，你不需要为自己的拒绝辩护，一句简单的、尊敬的"不，谢谢"就行了。你知道什么是你的"是"——这很重要，但有时你只需要对自己说，因为这是你的事，不是他们的事。

摄影师菲利普·哈尔斯曼因要求拍摄对象允许他在半空中拍摄他们跳下的照片而出名。理查德·尼克松、J. 罗伯特·奥本海默、格蕾丝·凯利、温莎公爵夫妇以及其他许多知名人士都同意以这种姿势拍照。一天，哈尔斯曼在结束钢琴家范·克莱本的拍摄时，问钢琴家是否愿意为他跳跃——范·克莱本拒绝了。用哈尔斯曼的话说："我礼貌地问他不想跳的原因是什么。艺术家背着手，抬起下巴说：'没有解释的必要。'"

这个实事求是的笃定回答给哈尔斯曼留下了深刻的印象，他立即给范·克莱本拍了一张这个姿势的照片，并把它放在了他的名人跳跃照片集的显眼位置，照片标题是"范·克莱本不愿意跳"。哈尔斯曼明白，范·克莱本是在对他自己独特的喜好和对隐私的需求说"是"，这就是为什么哈尔斯曼很高兴，而不是感到被冒犯了，尽管这条信息是在没有任何解释的情况下传递的。

"是！"是一则传达价值的陈述

当你表达你的"是"时，如果它真的来自你内心深处有原则的地方，它可以改变对方接受你的"不"的方式。很久以前，史上最杰出的体育经纪人之一鲍勃·伍尔夫给我讲过一个故事，它就捕捉到了这一事实。[8]

当篮球巨星拉里·伯德即将开始他突飞猛进的职业生涯时，鲍勃·伍尔夫接到一个由伯德的家乡印第安纳州特雷霍特的知名镇民委员会打来的电话，询问鲍勃是否有兴趣成为拉里·伯德的经纪人候选人之一。鲍勃·伍尔夫当然同意了，然后飞到镇上参加了委员会组织的 8 个小时的详尽面试，委员会成员包括当地大学体育主管、当地银行行长、当地百货商店老板和镇上的其他长者。他们想知道一切。在考虑了数百名申请者几个月后，委员会将名单缩减到 25 人，然后是 15 人，最后是 3 人。鲍勃在特雷霍特参加了最后一次面试，面试进行得非常顺利，他兴奋地打电话给在波士顿的妻子，告诉她他几乎肯定会得到这份工作。

他刚挂断电话，委员会就打来电话，询问他们是否可以来他这里。委员会有 10 个人挤进了他的酒店房间，告诉他："我们必须知道做拉里的经纪人，您到底要收多少钱……给我们一个数额。我们需要知道这个数字到底是多少。卡茨（另一位候选人）给了我们一个数字,我们需要您也给一个数字。"

鲍勃感到他的腹部绷紧了。他一直都是按佣金比例工作,而不是固定费用。这就是他与其他所有客户的工作关系,这对所有人都是公平的。

"听着,"鲍勃回答说,"我理解你们为什么这么问我,我也尊重拉里想知道他要花多少钱的愿望。但我想以我和其他所有人一起工作的方式和拉里一起工作。当谈判结束,拉里得到了一份球员合同时,我们就会得到一个我们都同意的最终费用数字。我现在不能给你们一个数字。如果我为了和拉里共事而做出特殊调整,这对我的其他客户来说是不公平的。我非常想做他的经纪人,我认为这是一个特殊的机会。但我并不能给出你们想要的答案。"

换句话说,鲍勃在他的"不"后面解释了他的"是"。

委员会主席盯着鲍勃。"嗯,听着,我们只是想确保您明白后果。"他说,"我们再问您一次,给我们一个固定的数字,我们就可以终结这件事。我必须告诉您,如果没有它,很有可能您就不会成为拉里·伯德的经纪人。请给我们一个具体的数字。"

鲍勃深吸了一口气。"我不能给你们一个数字。我只能重申,我的费用将是合理的,我会为拉里努力工作。但我不会区别对待拉里·伯德与我所代表的其他任何人,我准备好了接受后果。"

他们握了握手,委员们走出了房间。

"我只能站着,盯着一扇门看了半天。"鲍勃回忆道,"我觉得自己做得对，但同时我也是痛苦的。"他又给家里打了个电话，告诉他的妻子："你不会相信刚刚发生了什么。"他的儿子接上了电话，试图安慰他。"没关系，爸爸，我为你感到骄傲。你仍然有你的原则，我很高兴你这么做了。"

5分钟后，电话响了。

"鲍勃，我是卢·迈斯。我只想告诉您我们已经做出决定了。我们想我们不应该等到明天早上才让您知道答案。"

"那么决定是？"鲍勃已经做好了迎接坏消息的准备。

"我们已经决定选您了。"

鲍勃简直不敢相信他的耳朵。"您在开玩笑吧！"

"不，鲍勃，"迈斯说，"我们知道您有多想做拉里的经纪人，知道这对您有多重要，也知道您花了多少时间和精力来到这里。我们决定，如果您继续像您刚才那样勇敢地面对我们，坚守立场，一走了之，那么您就是我们想要的那种人，能够代表拉里和教练雷德·奥尔巴克谈判。"

换句话说，他们想要一个能够代表更深层次的"是"来说"不"的经纪人。

总而言之，说"不"从"是"开始。你的"是"可以采用"那"陈述、"我"陈述或"我们"陈述的形式，也可以采用它们的组合。你不应责怪或羞辱对方，不需要否定对方。你只需要维护你自己的利益、需求和价值观。

你的"是"本质上是一种对价值观的陈述，你在维护你的价值观。它可能是你作为一个人的价值观；在商业背景下，它可能是你的产品、服务或品牌的价值观；在更大的背景下，它可能是你的伦理和道德价值观。归根结底，你是在对真正重要的事情说"是"。

在你说"是"之后，你就可以说"不"了。这就是下一章的主题。

第五章
说出你的"不"

当一个更深层次的"是"在你的内心燃烧的时候,

说"不"就很容易了。

——管理学家史蒂芬·R. 柯维

既然你已经说出了"是",那么接下来是时候说"不"了。在我们的旅程中,我们已经来到了积极说"不"的核心法则。我们不仅处于这三个阶段的正中间,也处于积极说"不"陈述的中间部分。其他的一切都是前奏或尾曲。

说出"不"的基本行动非常简单。你要设定清晰的界限,画出一条清晰的线,创造一条坚实的边界。

"不"的力量

说"不"是生活中必不可少的。每个活着的细胞都有一层膜,允许某些必需的营养物质通过并排斥其他物质。每个活着的有机体都需要这样的边界来保护自己。为了生存和发展,每个人和每个组织都需要能够对任何威胁到自己的安全、尊严和诚信的事情说"不"。

"不"是秩序、结构和纪律的关键词。比如,在《圣经》中,"十诫"里有八条是以"不"的形式表述的。"不"的最大优点就是清晰和具体。试想一下,告诉孩子"请尊重你的同学"和说"不要打人"有什么不同。"不"简单明了地表达了你的意思,精确地阐明了你的想法。

每个人的人生中总会有这样一个时刻,要学会用说"不"的力量来为自己设定一条保护性的边界。有一次,我看到一个小男孩在我女儿所在的幼儿园的操场上哭。他正用挂在树上的轮胎荡秋千,他的同学们在后面推他。他想下来,但他无法表达自己的感受。就在我看着他的时候,他的老师介入了。她温柔地告诉他要"说出来"。他立刻开始说:"别摇了!让秋千停下来!"当他的同学们真的停下来的时候,他的表情立刻被喜悦点亮了,因为他发现了说"不"的力量。

"不"的用途远远超出了保护和纪律。当我们拿孩子说"不"这件事来开玩笑，把他们第一次学会使用这个词的年龄称为"可怕的两岁"时，我们实际上忽略了他们正在推进的发展进程的重要性。这其实就是孩子们开始变得独立自主并学会创造界限的时刻。他们开始定义他们是谁，以及他们不是谁。如果你仔细听他们说话——"不，我不想吃那个！不，我不想穿那个！不，我不想去那里！"——你听到什么了？"我存在！我有权表达自己的感受。我有权发表自己的意见。我就是我。"一个新的个体正在宣告他的独立存在。学会说"不"对每个人的持续发展至关重要。

　　"不"是定义你的身份、你的个性，或者——用组织学的术语来说——你的品牌的关键词。如果你无法说"不"，你就没有品牌，因为你的品牌是由你对其说"不"的东西来定义的。"不"是一种选择原则，它允许你做你自己，而不是别人或其他东西。"不"会给你带来个性和定义，让这个世界变得更加丰富。

　　因为"不"是我们用来表达力量的词，所以我们正常的倾向是过度使用我们的"不"，以至于它们会给人带来攻击的印象；或者对我们的"不"使用不足，以至于给人带来软弱和犹豫不决的印象。挑战实际上在于如何把它用得恰到好处。你怎么才能既自信又不显得咄咄逼人呢？

让你的"不"自然流露

解决方案是使用可以被称为自然的"不"的方法。

一个自然的"不"是简单明了的,它会自然地、几乎毫不费力地从你的"是"中流露出来。当我的女儿加布里埃拉还小的时候,我就从她那里听到了自然的"不"。"不"会从她的舌头上滚出来,就好像这是世界上最自然的事情一样。"不,我现在不想说话,爸爸。我在玩呢。我现在可以走了吗?"我可能刚刚在5 000英里[①]外的丛林里,跋涉数英里才找到一部电话,并试了好几次才打通,但我总发现自己完全缴械投降,因为她的拒绝如此自然。它是透明的,没有被恐惧驯服,没有被愤怒破坏。它也是诚实的、干净的和实事求是的。

随着年龄的增长,我们的情绪和动机变得更加复杂,我们的后果意识变得更加敏锐,说"不"变得更加困难。但是,如果你已经深度遵循了本书中说"不"的过程,那么从某种意义上说,行动其实已经结束了。你已经做好了必要的准备工作。你就像一个刻苦训练的运动员。现在,在比赛期间,是时候收获努力工作的回报了。

---

① 1英里约为1.61千米。——编者注

让你的"不"自然流露。让它从你所发现的"是"中流露出来，让它从你培养的力量中流淌出来，让它从你所给予的尊重中流露出来。这样，你的"不"就会清晰、真诚、干净利落。

让它从你的"是"中流露出来

当你说"不"的时候，也许最重要的是记住你的"是"——你想要保护的核心利益、需求或价值观。记住，说"不"只是另一种说"是"的方式。

来看看当下面这位老师希望一个有特殊需求的孩子离开课堂时，这位母亲是如何为孩子挺身而出的。

老师：对不起，泰勒夫人，考特尼不能留在人文课上。她不属于那里。

母亲（用实事求是的语气）：不。考特尼有权与她的同龄人获得同样的对待。我们必须找到一种方法实现这一点。

老师：但是她跟不上。

母亲：考特尼确实面临挑战，但我向你保证，她会完成作业的。

老师：但是前几天她被作业弄得心烦意乱。

母亲（平静而坚定）：她心烦意乱的原因是她被告知她不属于这个课堂。

考特尼最终留在了课堂里，也完成了作业。

母亲的"不"很自然地从她的"是"中流露出来：她希望自己的孩子能感受到融入其中的感觉。这位母亲没有攻击老师，她没有说："你在歧视我的女儿！你告诉她她不属于这个课堂。"相反，她专注于保护考特尼与同龄人一起在教室里学习的权利。这位母亲没有制定法律，也没有在地上钉木桩，却依然坚定地为她的孩子挺身而出了。

正如这个例子所表明的那样，自然的"不"不是僵化、没有灵活性的立场，而是一种有机地从你的利益中涌现的坚定立场。记住，你只是在用"不"的清晰、具体和力量来传达你想对重视的事情所表达的"是"。

不要将你的"不"想象成一堵墙，而应将它想象成一条坚固的边界，它保护着对你而言重要的东西。一堵墙会在双方之间创造一道视觉屏障，而边界却允许双方看到对方并保持联系——同时仍然设置了严格的界限。

让它从你的力量中流淌出来

语言哲学家将信息分为描述情况的信息和较少的、最终能实际改变情况的信息。他们称后者为"表演性言语行为"。一个经典的例子是两个人站在神父或主婚人面前说"我愿意"。"我愿意"不仅是对他们感觉的描述，也是一种行动，它让宣誓者的社会状态从单身转变为已婚。

同样，当你传达出一个积极的"不"时，你不仅是在描述你的感受或兴趣，也是在传达你对未来行动方针的承诺。你不只是在说"不"。你也已经准备好了用你的个人力量来支撑它。你的意图很强烈，如果有必要，你还准备利用替代方案。伴随着你的投入付出，你正在创造一条以前不存在的新边界。你正在改变社会现实。

我的朋友戴维是美洲原住民，他通过在荒野中建造小木屋来践行他祖传的宗教传统。这是一种桑拿房般的建筑，人们在里面祈祷，感受热量。然而，一个干旱的夏天，当地政府禁止了所有明火，担心可能会引发森林火灾。戴维对火非常小心，他从不让火处于无人看管的状态，无论日夜，总是会确保有一名火焰守护者照看着。而当消防队长坚持让戴维停止践行他的火焰仪式时，戴维并没有生气。他只是压低了声调，说了一个深沉的、回荡的、挥之不去的"不"，它来自他对他的宗教信仰所坚持的"是！"。"不。我们将一如既往地践行我们的宗教仪式，正如远在欧洲人到来之前那样。通宵照看我们的火焰是我们的神圣习俗。我们从未引发过森林大火，将来也不会。如果您愿意，欢迎您检验我们的预防措施。"在那之后，再没有人来干涉戴维的宗教活动。

就是这样。"不"是安静的、深沉的和坚定的。它的声音有时仿佛可以延伸，几乎就像是你物理上画了一条线一样。你不是在提议画一条线，也不是在谈论画一条线，而是在用你的决心所带来的力量，实际地画出一条线。你正在创造一个新的现实。

看看下面这个需要对关键客户说"不"的业务情况。"我们与一个客户进行了大约 6 个月的谈判。然后，我们整理出了我们的最后一份报价。考虑到客户的需求，我们花了三四周的时间准备。我们让最高级别的主管来做展示。在他说'这是我们的最终报价'之后，这位客户的回应是继续谈判并要求更优惠的价格。我们的高管用一种非常冷静、实事求是的语气回答：'也许你没听到我说的话。这是我们的最终报价。'在大约 5 秒的时间里，谈话完全转换了方向。这位客户说：'让我给我的业务人员打个电话，讨论一下条款。'现在他们开始重视我们了，也开始重视我们到底能为他们做些什么。"

这位高管画了一条界线。他不是在虚张声势。他传达了他的决心，释放信号，表示如果超过这条线，他就准备诉诸他的替代方案，即放弃这笔特别的交易，转而寻找其他客户。你的替代方案不需要说明，但它仍旧表达了你所强调、设定的界限。矛盾的是，说"不"有时可能是送给对方的礼物。一旦你画出一条清晰的界线，对方就可以放松了，尽管这可能看起来很奇怪。在这种情况下，客户会感到更满意，因为他知道他已经尽己所能地达成了一笔好交易。

对于向对方传达你的决心，使用实事求是的语气是有帮助的，就像我的朋友戴维和这位高管所做的那样。你不是在攻击对方，只是在宣布一个新的事实，这是你为回应对方的要求或行为而设定的明确界限。

要让你的"不"被听到，你没有必要大喊大叫，没有必要咄咄逼人，也没有必要低声下气，用坚定、中性的语气就可以了。看起来或许有些矛盾的是，低声说"不"比用高分贝说"不"更能表明你的决心。

你可以既保持礼貌，又坚定表达你的立场。我的朋友斯蒂芬说，他曾无意中听到妻子桑德拉在打电话，回应众多请求中的一个——在当地一个筹款活动委员会任职。在这种情况下，如果你感到无言以对，开始结结巴巴地找一两个借口，解释你已经超负荷工作了，是可以理解的。如果来电者施压，大多数人很容易无奈地叹一口气就让步了。令斯蒂芬钦佩的是，他听到桑德拉用平静、中立的语气回答道："我今年不会在委员会任职了。谢谢您考虑我。"就是这样——礼貌、坚定、一锤定音。

保持实事求是和中立的语气，就能让你的"不"自然地从你的力量中流淌出来。

让它从你给予的尊重中流露出来

如果你的回答是一个消极的"不"，你就可能会与对方疏远。

如果你的回答是一个积极的"不",情况则正好相反。你将拉近与其他人的距离,你在寻求通过尊重与对方保持联结。

一家成功的西班牙银行曾不得不通知一位重要客户,他们无法为拟议的一项投资提供资金,他们并没有让信贷员来负责这件事情。他们认为这个"不"非常重要,所以请银行的一位股东直接负责传达。这位股东没有试图保持距离,只通过写信或打电话来传递这个结果,毕竟对重要客户说"不"并不会让人感到多舒服。事实上,他所做的恰恰相反,他试图借此拉近与客户的距离。他邀请客户到自己距离马德里一个小时车程的家庭庄园吃了一顿用时很长的午餐。他们享受了一顿美餐和一次愉快的交谈。之后,当这位银行家和他的客户喝着利口酒,抽着雪茄时,银行家告诉客户:"如您所知,我们非常重视与你们的关系。但很抱歉,在这笔交易上,我们不能为您提供更多帮助了,至少这次不行。我们期待着在未来其他许多交易上与您合作。"这位银行家以精心设计的礼节说了一个实事求是的"不",他清楚地表明了他有多看重他的客户。重要的信息被传递了,双方的关系也被维护了。对一笔交易说"不"如此特殊,以至于它理应受到与庆祝交易成功达成一样谨慎和充满仪式感的对待。

"有时候人们不得不说'不'。"路易斯·伊纳西奥·卢拉·达席尔瓦表示。他是一名工会领袖,出身极端贫困,后来成为巴西总统。"而且你需要以和人们用来说'是'一样的真诚、坦率的语气，来说出你的'不'。"[1]

当你说"不"的时候，你是希望保持与对方的关系的，就像那位西班牙银行家一样，以便为积极的结果和关系铺平道路。

友好地说"不"并不总是那么容易。我们经常让我们的"不"背负很多情感包袱——我们的愤怒、恐惧、内疚或羞耻。这些包袱只会阻碍清晰、有效的沟通。尽量避免让你的"不"背负这些包袱。这就是为什么你需要做这些必要的准备工作——把负面情绪转化为积极的意图，并培养尊重的态度。这些准备工作能让你的"不"保持干净利落。

不要过于担心别人会怎么想。有时我们认为我们的任务是"我需要以这样一种方式对他们说'不'，这样他们就不会难过，而且会继续喜欢我"。但这几乎是一项不可能完成的任务，因为如果你试图控制他们的反应，你最终可能就无法看见自己的利益和价值观，更重要的是，你是在试图控制一些你实际上无法控制的东西。所以，与之相反，你应该把你的任务看作"我需要以一种明确的、诚实的和带着尊重的方式对他们说'不'，然后让他们想怎么反应就怎么反应"。

生活中最伟大的艺术之一就是学会如何在不引起不愉快的情况下表达不同意见。

对要求说"不"

下面是一些特定的关键词或短语,你可以用它们来让你对对方的要求说的"不"从你的"是"、你的力量和你的尊重中自然地流露出来。记住,你的语气和潜在意图需要与你的话语保持一致,才能产生正确的效果。

"不"或"不必了,谢谢"

设定界限最简单的词就是"不"。这是一个具有纯粹力量的词。对于不愿使用力量、倾向于迎合或回避的人来说,有时在句子的开头用"不"这个词来赋予自己的"不"力量是很有用的。"不。我想让你吃对你有益的食物,所以你不能在晚饭前吃冰激凌。"一位家长会对孩子宣布。"不"是明确和直接的。

直率占有一席之地,但它也可以被优雅地表达。在一部圣雄甘地抵达英国,与英方进行和平谈判的新闻短片中,我们看到热切的记者们要求他对着麦克风讲话,他简单地回答说"我觉得不必了",然后微笑着走开了。[2]

在"不"后面加上一句感谢,可以表明你对这段关系的尊重和关心。"不"用以保护界限,"感谢"则用以联结。一句简单、精力充沛、充满感激的"不必了,谢谢"通常就足够了。如果你遇到的电话推销员无视了你此前的回复，你可以说："我说'不'。（停顿）谢谢！再见。"

"我有一个规矩"

要确定你设定的界限，可以用一个强有力的方式：表明你的"不"只是你更广泛的规矩中的一例。例如，"我的规矩是永远不在董事会任职"，"我个人的规矩是永远不借钱给朋友"，或者"我从来不回复电话邀请"。

当你说你有一个规矩时，你是在暗示你的"不"不是一次性的信息，而是一种持续的做法，并且你已经对此进行了大量的思考。这是一个表达决心的信号，一个你不会让步的信号。当然，这句话不应当被轻率地或易引起误解地用以佐证僵硬的对抗性立场；当它确实是你的规矩时，它应该是有效的，是经过深思熟虑的。

将你设定的界限确定为一个规矩还有一个好处，那就是让别人知道你的"不"不是针对个人的，它独立于他们和他们的行为。从本质上讲，这是积极的。你不是在对他们说"不"，而是在持续对你选择遵守的原则和价值观说"是"。简而言之，说"我有一个规矩"肯定了你的利益，用你的力量支撑了它，并通过对你的"不"去个人化，巩固了你们的关系。

以一家纺织品制造商遇到的情况为例。它曾不断地受到客户的催促，被要求及时完成订单。多年来，该公司的回应方式是迎合。当客户对延迟感到愤怒时，制造商通常会以"加急"来回应——匆忙给订单加速，并搁置其他所有订单。结果他们获得的是一个功能失调的系统和普遍的不满情绪。最后，该公司的领导直面问题，聘请了一个顾问团队，研究出一种更好的实时制造系统。为了使其发挥作用，他们为客户制定了一项新政策：不加急。他们宣布了这项新规则，尽管最初遭到客户的抵制，但他们坚持了下来。

最终结果是什么？不加急的政策大大降低了管理工厂的复杂性，从而使这家公司能够在2周内完成订单周转，远好于过去的6周。订单几乎没有延误，也不需要加急，这是双赢。

"我已经有计划了"或"我另有安排"

在不破坏你们关系的情况下，可以用于肯定你的利益和力量的一个具体的常用短语是"我已经有计划了"或"我那时另有安排"。换句话说，让对方知道你已经承担了其他责任。

对邀请你参加聚会的朋友，你可以说："对不起，那天晚上我有安排。谢谢！"对于要求你在最后一刻接手一个项目的同事，你可以对他说："我很想帮你，但我在接手其他工作之前还有另外的项目要完成。"对于要求你这个周末去做一个项目的老板，你可以说："对不起，这个周末我有一项重要的家庭事务要处理。"对于要求你承担新的公共事务职责的人,你可以说:"我现在需要专注于我的家庭／个人生活／工作／学习。"

我的一位客户曾向他的一个新客户提出了一笔非常划算的交易。对方回答说:"因为我们已经和你们的竞争对手达成了协议,我现在不能考虑你们的报价。"我的当事人觉得这是他收到过的最有效的拒绝之一,因为"这表明他们信守诺言,从而占据了道德制高点"。对方让他知道,如果他将来与他们做生意,他可以期待他们对他的竞争对手表现出同样的诚实和信用。

"现在不行"

说"不"并不容易,特别是当你和对方的关系很重要的时候。有一种方法可以减轻对他们说"不"的冲击力,从而让你在这种情况下更容易说"不",那就是给你的"不"设定时间。换句话说,使用一个神奇短语——"现在不行"。

如果客户要求你开发一种特殊的技术方案来解决他的问题,他会发现"对不起,我们现在无法提供这种解决方案"比直白的"不"更容易接受。同样,要求你加薪的员工也会发现"对不起,但考虑到现在的经济状况,这在目前是不可能的"更容易接受。我认识的一位收到过这个回复的雇员就认为它很有效,因为"我感觉我的想法被听到了,而且它为将来对我的请求说'是'敞开了大门"。

可以肯定的是，"现在不行"确实为未来的请求敞开了大门。因此，如果你确定永远不可能给员工加薪，客户永远不可能得到技术解决方案，或者你的孩子永远不可能拥有摩托车，那么现在就让他们知道通常是更好的做法。"现在不行"应该用于那些在未来确实存在满足对方需求的真正可能性的情况。

如果对方问你"如果现在不行，那什么时候可以"，而你确实不知道，你可以说"现在我确定不了，我们只能拭目以待了"，或"对不起，我不知道未来会有哪些变数"。

如果对方坚持要你立即答复他们的要求，而你又不想匆忙做出过早的决定，你可以回答说："如果您现在需要一个答复，那我只能说'不'了。"对方可能就会突然发现，他们其实还是有时间等待你经过深思熟虑做出的决定的。

"现在不行"是一个非常有用的短语，特别是在你被质疑的情况下。说"现在不行"，之后把你的答案改成"是"，比说"是"，之后试着把你的回答改成"不"好得多。

"我宁愿不做，也不愿做得不好"

我认识的一位校长在被要求承担新职责时使用了这条经验法则，他问了问自己："我能做好工作吗？我有时间公允地处理这件事吗？我有这个能力吗？"如果答案是否定的，他就会直截了当地拒绝对方。他的"不"实际上是对有效性和质量标准说的"是"。

当你宁可选择拒绝也不愿交付糟糕的工作成果时，你不仅是在肯定自己的利益，也是在关注这段关系。如果你答应了，然后做了一项结果并不令人满意的工作，那么你们双方的情况都会变得更糟，你们的关系也会变得更糟。

我的一个客户是一家电子公司，该公司曾被一位重要客户要求提供一种新的定制设计的产品，交货期很紧。该公司的销售副总裁很想说"是"，但他和他的同事们意识到，他们的生产已经处于压力之下，在质量标准上满足客户底线的可能性并不高。因此，他们选择对客户说"不"，从而避免了他们自己和客户的很多不满。"这在当时是很难做到的，但这是我说过的最好的'不'。客户也开始欣赏这一点，并看重我们对他们的诚实。"销售副总裁后来向我反映道。

有时，对方只是因为对自己的能力感到不安而要求你做一些事情。在这种情况下，你可以跟进并告诉对方："你会做得更好！我对你有信心。"当你说"不"的时候，也给予他们鼓励。

简而言之，知道自己的能力范围，坦率地承认，把时间花在你能做好的事情上。从长远来看，这会让你和其他人都过得更好。

对行为说"不"

在国际外交中,一个关键的术语是 *demandeur*,这个法语单词的意思是"请求者"。在任何交易中,需要被关注的问题都是:"谁在发出请求?"当你对对方的请求或要求说"不"时,他们就扮演着请求者的角色。但当你对对方的行为说"不"时,你则进入了请求者的角色。当你在向他们提出要求时,积极的"不"的形式会略有不同。

有一些有用的短语可以用来对行为不当的人说"不"。

"停下 / 不!"

当你对行为设定界限时,可以使用的具有力量的词语是"停下"和"不"。例如,在性骚扰案件中,"停下"是关键词:"立刻停下!我不感兴趣,我不希望再这样下去。"

清晰明了很重要。你不会希望对方对你说"不"的对象有任何怀疑。"别再那样做了!"配偶中的一方对另一方恼火地说。"别做什么了?"对方问。"不要再做你正在做的事了。你知道我在说什么。""不,我不知道。"你对对方的期望体现在你语言的精确性和可操作性中。你该这么说:"我跟你说话的时候,请不要看报纸。"另一方需要准确地理解你在要求他们停止做什么。

要坚定且彬彬有礼。"请别再取笑我了。"7岁的艾玛对正在取笑她的同学伊兹说。她的语气十分严肃，立竿见影。我看着伊兹走到艾玛跟前向她道歉，然后给了她一个拥抱。如果7岁的孩子能做到这一点，那么我们也能做到。

"不"这个词也可以用来阻止冒犯的行为。有意思的是，如果你受到攻击，"不"甚至比"救命"这个词能吸引更多的帮助。改变湾区是一家培训女性自卫技能的组织，他们的培训师也是这么总结的。大喊"不"能够自然地吸引别人的注意，并引来任何能听到呼喊的人提供帮助。同样重要的是，培训师表示："说'不'是你与自己沟通的一种方式。它迫使你呼吸，从而打破僵硬的反应。它能汇聚你的能量。它会让你的肾上腺素升高。它让你想起'自卫'课程，你的肌肉记忆，你的同龄人对你的支持，以及你有权为自己的安全而战的事实。大多数攻击者都在寻找好欺负的受害者。他们并不想引起争端，哪怕是口头争端。说'不'会让你显得不那么好欺负。服从并善待攻击者，寄希望于他们也会善待你，并不是保护自己的最安全的策略。"[3]

说"不"能帮助你积聚能量，提醒你说"不"的权利，吸引别人的注意力，展示你的力量。

"停一停／喂／等会儿！"

"不"和"停下"这两个词有时会显得太突然或太刺耳。你还有其他的词可以阻止对方的行为,又对双方的关系没有那么大的影响,比如"停一停""喂""等会儿"。有时候,你所需要做的就是拖延一下对方的动作,要求暂停,这样他们就可以重新思考自己的行为。"停一停,"一位家长可以对两个吵架的孩子说,"让我们想想,还有什么更好的办法可以解决这个问题呢?"

有时你也可以用一个手势说"停一停"。我的朋友赫尔曼有一次和他的妻子在曼哈顿下城散步。当这对夫妇在拐角过马路时,一辆飞驰的汽车发出刺耳的刹车声停了下来,与他们相差仅几英寸[①]。在恐惧和愤怒中,赫尔曼用拳头猛击汽车的引擎盖。开车的年轻人怒不可遏地下了车,喊道:"你为什么要砸我的车?"

赫尔曼反驳道:"你差点儿撞死我和我的妻子!"

路人开始围观。赫尔曼是白人,司机是黑人,突然间,现场带上了种族色彩。随着人们开始偏袒其中一方,局势看起来可能会升级为一场大规模的斗殴。

然后赫尔曼注意到他身后有一个围观者,一个上了年纪的黑人。这个男人的手(掌心朝下)慢慢地上下移动,好像在对年轻的司机说:"喂……想想你在做什么。"年轻人看到了老人的信号,

---

① 1英寸为2.54厘米。——编者注

肉眼可见地挣扎着控制住了自己,然后突然走回去上了车,一言不发地开走了。

在我们这个快速变化的世界里,当我承担太多或走得太快时,对自己说"慢下来"是我个人认为十分有用的一种方式。

"那并不好 / 那不合适 / 那是不被允许的"

有时候,我们需要的是一则简单的中立声明,告知对方他们的行为是不恰当的。"那并不好"是一种实事求是的声音,它在区分个人和他们的行为的同时,在可以做什么和不可以做什么之间画出了一条清晰的线。对方本身没有问题,但他们的行为并非如此。强调一个行为标准会让你的"不"不那么个人化。"对不起,我们医院的这一侧是不允许用手机打电话的。"这就减轻了对方被训诫的痛苦。

西莉亚·卡里略是一所条件恶劣的社区学校的教师,此前有报道援引她的话,描述了她是如何在她的课堂内制定规定的——班上任何人都不能辱骂其他人。她解释了制定这一规定一个月后发生的事情:"不等你反应过来,他们就对对方说:'这是不合适的行为。这在这里是不被允许的。'听到孩子们互相这么说真的很有意义。"卡里略还补充说,这种方法很管用。"在课堂上,我不再需要面对太多的纪律问题。"[4]

"我觉得这样不好 / 这对我不管用"

如果你担心对方会觉得你在向他们说教或试图鼓吹你认为正确的行为，你可以选择把"不好"这个词变成一则"我"陈述，比如"我觉得这样不好"。在对待大声辱骂你的同事时，看着对方的眼睛，降低音量，放慢语速，加强语气，说："请停下来！我可以接受批评，但这种说话方式对我不管用。如果你有什么问题，让我们以专业的方式来讨论。"把"不好"转换成"我"陈述可以在不损害关系的情况下让对方明白你的意思。

"够了"

"够了"是个有趣的词。你并不是根据对方过去的行为来评判他们，而只是说现在你已经经历得够多了，是时候停下来了。"今天的吵吵闹闹已经够多了。"一位家长这么对孩子们说。当到达你的极限时，你就设定了一个界限。在我作为第三方参与的一场亚洲内战中，因为受够了独裁政府的紧急状态令，那场民主运动采纳了"适可而止"的口号。"够了"能够传达你的决心，同时避免了攻击对方。

表达"不",但不说出"不"

"不"这个词有时可能是一个粗暴的工具,会在对方心中引发羞辱和被否定的感觉。它也可能是一个有攻击性的词,会立即引起抵抗,并激发对方的反应。"不"这个词很容易被滥用并被过度使用,特别是对儿童来说,因此它已经开始失去其力量和可信度。孩子们开始忽视它,或者认为它实际上只代表模棱两可的意思。

正因为"不"是一个如此强大的词,所以它需要被谨慎、有意图和有节制地使用。有时,最好用其他词语来传达相同的信息。在一些场合,你可以在并不真正说出"不"这个词的情况下有效地说"不"。请考虑以下示例:

- 在一次医疗咨询过程中,一名5岁的女孩坚持向她的父亲说,她想离开。"亲爱的,我们要待在这里。"父亲平静地回答。
- 为了降低价格,一名客户坚持将清洁公司提供的产品分拆,将清洁产品与培训和管理服务分开。"我们的产品是打包销售的。"公司代表回答道。
- 面对一位关键投资者在电话中接二连三的愤怒辱骂,酒店高管平静地说:"彼得,我明天再打给你。"然后他挂断了电话,这实际上是对彼得的行为说"不"。

在每一种情况下,"不"的含义和力量都被清楚地表达,但当事人实际上并没有使用这个词。"不"仍然是含蓄的、未被说明的。

你可以选择将重点放在开头的"是"和最后的"是"上,让其间的"不"保持含蓄。当你和一位喋喋不休、让你头疼的朋友共度漫长的车程时,你宣布:"在经历了今天之后,我感觉我需要一些平静和安静的空间。我们就在上山的路上静静地听音乐怎么样?"换句话说,你只需做一次"我"陈述,然后提出一个建议。

另一种选择是将你的"不"重新改装为"是"。不要告诉你的孩子,"做完作业前不要玩",而要说,"你做完作业就可以玩了"。不要告诉你的同事,"在我完成这项任务之前,我不能帮你",而要说,"我很乐意在我完成这项任务之后再帮你"。与其告诉你的朋友,"我不会和你一起去看比赛",不如说,"我会在比赛结束后找你"。换句话说,在创造你需要的边界的同时,把你的重点放在积极的方面。

在一些文化——主要是东亚文化里,人们会不遗余力地想办法在不真正使用"不"这个词的情况下说"不",以此避免给对方带来被羞辱的感觉,为对方保全面子。然而,不使用这个词并不意味着他们不会说"不"。他们只是在寻找间接的手段,比如使用第三方或微妙的信号。这可能会让那些不太熟悉不同文化表述的人感到困惑。

在为美国一家大型汽车公司工作期间,我听过一名高管访问韩国,与当地一家汽车制造商的总裁会面时发生的故事。当时,这家美国公司拥有这家韩国公司 10% 的股份,这位高管向韩国同行提议,将持股份额提高到 50%。"这并非不可能。"韩国总裁礼貌地回答。

在分析这一回应时,这位美国高管认为,"'这并非不可能'意味着它是有可能的"。因此,在回到底特律后,他派遣了一个高层团队前往首尔就这笔交易进行谈判。在两周的时间里,这个团队一直待在那里,而他们计划的每一次会议却都莫名其妙地被推迟了。最后,一位韩国经理把他的美国同人叫到一边,悄悄地解释说,"这并非不可能"只是"除非我死了"的一种礼貌的说法。

所以,要记住的基本要点是,尽管"不"这个词有时可以不直接说,但其意图仍然需要被清晰而有力地传达。

一面防护盾牌

如果让我用一个比喻来概括积极说"不"的艺术,我会把它描述为一面盾牌——一面防护盾牌。这面盾牌可以保护你和你的"是",而不会伤害对方。相反,消极的"不"是一把剑——一把拒绝之剑。它在攻击的时候从不关心双方的关系。

当你说"不"的时候,你可能会忍不住拒绝和攻击,但请记住,你真正的目的是保护和捍卫。这不是为了伤害别人,而是为了保护自己不受伤害。保护而不拒绝才是积极说"不"的本质。

然而,积极的"不"并不止于"不"。还有第三个基本要素:积极的提议。这就是下一章的主题。

第六章
提出一个"是"

> 不要害怕冒险……险处正是果实所在之地。
>
> ——古谚语

一旦你说了"不",你就很容易停滞不前,认为你已经完成了你的工作:"哇!我已经说了'不'。"但这还不够。积极说"不"还有第三个关键部分:提出一个"是?"。

说"不"最常见的错误或许就是止步于此,忽视了提出积极结果的机会。在回应对方的要求时,我们会说我们不会做什么,但不会说我们会做什么。作为对对方行为的回应,我们告诉了他们我们不想让他们做的事,却忘了告诉他们我们想让他们做什么。

记住,说"不"是一种说服练习,而不仅仅是沟通。你想让对方接受你的"不",想让他们改变行为,通常情况下,你还想保持和他们的关系。这是你的机会,让你的"不"更有说服力——让别人更容易做你想让他们做的事。

积极说"不"的第三个要素是一个"是？"。正如积极的"不"以"是！"开头，它也以"是？"结束。如果说第一个"是"是对你核心利益的肯定，那么第二个"是"则是对积极结果的邀请。当你用"不"关上一扇门时，你用第二个"是"打开了另一扇门，就好像在说："你愿意和我一起走进这扇门吗？"

当你关上一扇门的时候，打开另一扇门

有一次，我和当时5岁的女儿加布里埃拉一起看电影《铁钩船长》。在一场戏中，铁钩船长言辞激烈地对彼得·潘说："我恨你！我恨你！我恨你！"女儿抬起头来评论道："他不应该这么说。他应该说：'我不喜欢你，但我有时可以和你一起玩。'" 5岁的孩子就知道打开一扇门的智慧，但成年的我们往往会忘记这一点。

关上门再打开同一扇门会混淆你想要传递的信息，削弱你的"不"。但是，关上一扇门，再打开第二扇门，同时使第一扇门保持关闭状态，这种做法实际上可以明确和强化你的"不"。

以民权运动中的一个重要转折点为例。[1]1960年冬春，在田纳西州的纳什维尔，一群黑人学生坐到了市中心百货商场的午餐柜台前——到此时为止，这些柜台只为白人开放。当一枚炸弹在一位知名黑人律师家中爆炸并险些炸死他和他的家人后，数百名学生和市民自发开始了前往该市法院的抗议游行。在法院台阶上，在聚集的人群面前，抗议者与市长本·韦斯特进行了会面。一位年轻的黑人牧师愤怒地斥责了韦斯特市长，韦斯特则为自己做了激烈的辩护。

然后，22岁的黑人女性黛安娜·纳什提出了一个问题。她问市长，他是否认为"仅仅因为一个人的种族或肤色而歧视他是错误的"。韦斯特回答说，他"不同意有人向他们出售商品却拒绝为他们提供服务在道义上是正确的"。纳什随后问道，他是否认为午餐柜台应该取消种族隔离。韦斯特犹豫了一下，回避了这个问题，但纳什坚持问："那么，市长，您是否建议取消午餐柜台的种族隔离？"当韦斯特说"是的"时，人群中立即爆发了掌声，抗议者忍不住拥抱了市长。市长的接受直接推动午餐柜台废除种族隔离，这是争取民权斗争历程中的一次重大胜利。

当其他人都停下来对市长说"不"的时候，黛安娜·纳什更进一步，邀请他说"是"。她打开了一扇门，韦斯特市长走了进来。

只说"不"很容易让对方感到非常沮丧，而你最终可能会因为他们对你做出愤怒的反应而自食其果。他们可能会觉得自己被抵到了一堵墙上，无处可去——市长本·韦斯特在面对年轻牧师的愤怒时可能也有这种感觉。然而，如果你打开一扇门，就像黛安娜·纳什利用她不断抛出的问题所做的那样，你就为对方提供了一条出路，你所有的力量都可以用来说服他们接受它。简而言之，与其努力挫败对方，不如专注于将他们的注意力转向积极的结果。

提出一个积极的建议还有一个很大的好处：它表明了对对方和他们的需求的尊重。如果你能想办法解决他们的问题，他们就更有可能接受你的"不"，并同意尊重你的利益。这就是说服起作用的方式。

最后，虽然一开始听起来可能有些奇怪，但向对方提议会给对方一个向你说"不"的机会。相较于让他们陷入被拒绝的尴尬境地，你可以扭转局面，让他们有机会拒绝你的请求。这样的方式减少了会导致破坏性反弹的拒绝所带来的刺痛。它从心理学的角度平衡了情况，引入了一种对称性，这有助于恢复双方健康的关系。给对方说"不"的机会，尊重他们的决定权，反而可能会看似矛盾地使他们最终更容易说"是"。如果他们对你的提议说"不"，那么就把它视为挑战的一部分。事实上，接下来的三章就将讨论如何将对方的抵制转化为接受。

不要把提议误认为是对你的"不"的软化。正如黛安娜·纳什的例子所表明的那样，一个好的提议会让你的"不"变得更强大、更有效，而非相反。重要的是，你不能向对方发出含混不清的信号，也不能给对方带来虚假的希望。你的提议需要与你的"不"完全一致：就像你的"不"一样，你的提议也应该植根于你最初的"是！"。

一个积极的提议应该是一个切实可行的解决方案——具体、现实和有建设性。它可以有多种形式。如果你对一个要求说"不"，你在提出建议时或许可以采取给对方提供第三个选择的形式。如果你对一种令人反感的行为说"不"，你的提议或许可以是提出建设性要求的形式，要求对方改变他们的行为。如果你的"不"是完整和充分的，你的提议或许可以是最低限度的形式，简单地要求对方接受你的"不"。让我们依次检测这三种形式。

对要求说不：提供第三个选择

如果对方提出了不合适或你不想要的要求，你会不想说"是"。然而，由于你们关系的重要性，你也不想草率地说"不"。在这种情况下，可以考虑说："换个选择怎么样？"换句话说，把你的"不"和一个积极的解决方案结合起来，既满足他们的需求，又满足你的需求。

让我们来对比一下我认识的两个人分别是如何应对拒绝养狗的挑战的。在第一个案例中，一位父亲拒绝了他的妻子和孩子们——他们非常想养一条狗。他是这么描述的："我说：'我不喜欢狗！我不喜欢它们待在家里。在我们家，我们不需要养狗。'我的孩子们说：'那我们需要一个新爸爸。'结果，我们最终养了两条大狗。虽然我最后还是接受了，但这可能是我说过的最无效的一个'不'。"

在第二个案例中，一位妻子拒绝丈夫养狗的计划。她用她丈夫必须接受的条件加以反驳："我们可以养一条狗，条件是：第一，你要确保它不会咬家具；第二，你要同意搭起栅栏；第三，你要找出在我们度假的时候照顾好它的办法。"她把找出解决办法的责任推给了她的丈夫。最后，他们确实养了一条狗，而她所要求的解决方案也实现了。

创建互惠互利的选择

就像上面那位妻子做的那样，你可以利用你天生的创造力，创造一个互惠互利的选择。不要假设解决方案非此即彼：要么你满意，要么对方满意。通常，你可以制订一个两全其美的解决方案，让每个人都满意。

想象一下，有一天，一名关键员工走进你的办公室，要求你加薪。你认为她想要更多的钱，而由于预算已经紧张，你对她的要求的直接回答是"不"。你告诉她没有预算了。她在走出你的办公室时看起来很不开心,当你后来思考这件事的时候,你会意识到你也不是很开心。你不想要一个士气低落的员工,对方可能会考虑去其他地方找工作。所以,你可以考虑一些可能的选择,既不超出你的预算,又能满足你员工的需求。

你知道,她正在寻求更多的认可、职责和挑战,这些诉求都指向一次重要的晋升。她也有经济上的需要——一个即将上大学的儿子,她需要为他支付高昂的学费。许多可能的选择随之开始出现:

- 认可度。如果一个新头衔能让她得到外界更多的认可和尊重呢?让她代表你的公司去参加一场会议怎么样?
- 更多职责。让她去参加一个对公司的未来至关重要的、新的知名项目怎么样?
- 大学学费。不如问问人力资源部门,看看是否可以安排一笔学费贷款,或者你可以帮她寻找获得奖学金的机会。

别的选择也可能出现,这都取决于你的员工的具体情况和你的公司所拥有的资源。以这种方式创建第三个选择可以帮助你摆脱"是"或"不"的错误二元论。这表明你足够重视对方,你在尽你所能解决他们的顾虑。它将重点从消极的一面转向积极的一面,从不能做的事情转向可以做的事情。这表明你有诚意和兴趣帮助对方满足他们的需求，但不会以牺牲你自己的利益为代价。

如果你个人不能帮助对方，那就推荐一个可以帮助对方的人。如果一位同事强迫你做一个项目，你可以在"不"后面加上："你有没有考虑过请一个自由职业者来帮你？我可以给你一些不错的人选，以及他们的电话号码。"提供推荐和联系方式通常确实会是有价值的帮助。

"稍后"

有时，你面临的主要限制是时间安排。在这种情况下，第三个选择是同意对方的请求，但要求改变时间。如果一位客户催促你立即处理他们的问题，你可以说："很遗憾，我今天有其他事情要做，但如果你愿意，我可以在今天下午晚些时候快速看一遍，在电话里告诉你我的想法。然后我可以在明天下班前准备一份详细的书面报告。这能满足你的需求吗？"

我认识的一位母亲就举了这样一个例子："我带着我两岁的女儿在买杂货，走到饼干货架旁的时候，我女儿问：'妈妈，我们今天能买些饼干吗？'我仔细地看了看我的购物清单，看着她说：'饼干不在我的购物清单上。'我女儿停顿了一下，然后提出了一份她想象中的购物清单。她说：'但它们在我的购物清单上！'我沉思了一下，然后回答说：'我们下次会按照你的清单买东西。'我认为，我的'不'之所以有效，是因为它是尊重人的，给人希望。"

就像说"现在不行"一样，说"稍后"也需要小心，不要在正确的答案实际上是直截了当的"不"时，把它当作一种有内疚感的转移注意力的方式。除非你是认真的，否则不要承诺以后或下次做这件事。

"如果……那么"

如果你真的想说"是"，但受制于可能发生变化的情况，你可以提出一个有条件的建议。换句话说，说明在什么情况下你可以说"是"。

以戴夫为例，他是一家羽翼未丰的咨询公司的总裁，尽管他的公司需要新的收入，但他觉得自己需要对一个潜在的《财富》500强新客户说"不"。在他的团队对客户的初步调查中，很明显，客户支离破碎的组织结构几乎肯定会阻碍任何改善运营的成功机会。因此，戴夫告诉客户，在对方解决组织问题之前，他的公司无能为力。实际上，他虽然拒绝了这个项目，但并不是以一个强势的"不"拒绝的，而是给出了一个有道理的、明确的提议："如果您解决了组织结构的问题，那么我可以帮助您。"结束会面之后，戴夫想知道，如果他告诉公司董事长，他拒绝了这个项目，对方会做何反应。但他知道，他的回复有明确的商业逻辑，他想把正确的经验传达给他在团队中培养的年轻顾问。

几个月后，他接到了同一个客户的电话，说他们把这个建议放在了心上，进行了彻底的重组。客户对戴夫发出了请求："请带着您的团队回来，继续改进我们的运营。"不用说，戴夫这次没有再说"不"。

提出一个解决问题的流程

即使你想不出一个积极的选择，既能满足你的利益，又能满足他们的利益，你也可以提出一个解决问题的流程，这个流程最终可能会产生一个满足各方需求的积极选择。

我的研讨会的一位参与者曾表示，当他要求一位客户承诺给出1 000万美元的购买保证时，这位客户用平和的语气回答："我没有办法给出这样的保证。但如果我们坐下来仔细研究条款，我相信我们能够做出让我们两人都满意的承诺。"这位参与者评论说："这个'不'直截了当，没有给出虚假的期望，但随之而来的是一份谈判的邀请。"他说，这是他收到的最有效的拒绝之一。

正如我在许多政治和商业冲突中所经历的那样，看似棘手的问题往往可以通过细致的问题解决过程来解决。起初没有人能说出是否会达成协议，但在这个过程中，往往会出现一些小突破，它们会为更大的突破铺平道路。这需要耐心和毅力，但正是以这种方式，在世界各地的大规模冲突中，许多"不"逐渐屈服于对双方都有效的"是"。

对行为说"不"：
提出一个建设性的要求

当你对对方的行为说"不"时，明确你希望他们做出哪些具体改变，这样做会有所帮助。

虽然对你来说，你希望对方做什么似乎是显而易见的，但对他们来说，这可能一点儿都不明显。我的朋友马歇尔讲了一个故事：一位女士向她的丈夫抱怨他在办公室花的时间太多了，结果第二天，他报名参加了周末的高尔夫锦标赛！她很不高兴，因为她的丈夫没有抓住要点：她希望他花更多的时间待在家里陪伴她和他们的孩子。她已经说了"不"，但没有提出能明确表示她想要什么的积极要求。

看看一个社区组织的案例：该组织成立是为了阻止附近不受欢迎的开发项目。该组织说服了数十名居民拨打电话，并参与了区划委员会的会议。然而，区划委员们十分沮丧，他们抱怨说，这个团体和其他人一样，抗议他们不想要的东西，但从来没有通过倡导他们想要的改变来帮助区划委员会。作为回应，市民们回去做了应该做的工作，他们阅读城市规划教科书、上课、学习区划制度。然后，他们重新联系区划委员会，就制度中具体的措辞变化提出建议，这反过来带来了更可接受的区划实践。

正如筹款最重要的规则是"别忘了要钱",销售最重要的规则是"别忘了要交易",也许对对方的行为说"不"的最重要的规则就是"别忘了要你想要的行动"。我们经常忘记最后一步,但它是最重要的部分。

一个建设性的提议有四个特点,它应该是明确的、可行的、积极规划的和带有尊重的。

明确你的要求

对行为上的改变的要求通常听起来是这样的:

- "我希望你考虑得更周到。"
- "我希望你在这里承担更多责任。"
- "请不要这么闷闷不乐。"

换句话说,这些要求是模糊的、不清楚的,而且很难实现。

与其要求对方改变他们的态度或感觉(这很难实现),不如根据你希望看到的具体行为来表达你的要求。与其只是说"我希望你在这里承担更多的责任",不如说"请你洗一下你用的盘子好吗"。与其对那些眼眸低垂的人说"不要这么闷闷不乐",不如试着用友好的语气说:"我和你说话的时候,能请你看着我吗?这样能帮助我集中注意力。"在定义你的要求时,不要以你想让对方感觉到什么、看到什么或者成为什么为依据,而要具体地说明你想让他们做什么。

你做得越具体越好。说"我希望你花更多的时间陪家人"可能会导致多种不同的理解,不如说"我希望你周日整天待在家里,和孩子们一起玩耍,辅导他们做作业"。让你的"不"更有力量的不仅是它的力度,还有与之相应的提议的具体性。

简而言之,为你的问题提供一个积极的行为解决方案。行为的优势在于它们可以被观察到。然后,你和其他人就会知道你的要求是否真的得到了满足。此外,一个行为提议关注的是你希望对方做什么,而不是你希望对方成为什么样的人。

让你的要求变得可行

考验你的要求的第二个测试是看它实际上是否可行。一个对朋友或家人的常见要求是:"我希望你不要生气了。"不仅这个要求没有通过行为测试,而且对方可能无法立即停止生气。更有建设性的应该是,你可以首先要求对方做出一个行为步骤:"你能坐下来告诉我你为什么生气吗?"这是一个更可行的要求,如果对方得到带有尊重的倾听,他们的怒气很可能会开始减少。

在前面提到的一个例子中,当以森林伦理组织(Forest Ethics)和道格伍德联盟(Dogwood Alliance)为首的环保人士试图阻止史泰博销售由濒危古树制成的产品时,他们在公开股东大会上向史泰博的首席执行官提出了一个可行的要求。这位首席执行官根本不认为他的公司应该停止购买由这些林木制成的纸制品，所以环保人士向他发出了公开邀请，请他参观濒危地区，这样他就可以更多地亲自了解这个问题。他至少愿意做到这一步，于是他派了几位高管去看看。这次参观让他们深入了解了这个问题，也让他们和环保人士之间建立了关系，并最终指引该公司达成了一项突破性的协议，开始停止购买利用濒危林木生产的产品。

与不可行的请求相比，可行的请求通常会给对方带来更大的建设性压力。这是20世纪80年代南非反种族隔离运动得到的经验之一。他们最有力的口号不是"不再实行种族隔离"，而是"释放曼德拉"。这一简单、具体和可行的要求有助于动员世界各地的人向南非白人少数派政府施压。曼德拉最终获释。[2]

你对对方的需求和约束考虑得越多，对方答应你的要求的可能性就越大。所以，选择一种既符合你的兴趣，对对方的负面影响又最小的行为方式。你越尊重他们的合理利益，他们就越有可能尊重你的利益。

积极地表达你的要求

正如反种族隔离运动人士从他们的口号"释放曼德拉"中所得到的经验，积极地表达你的要求会产生不同的效果。

如果我告诉你，"别想大象"，你首先想到的是什么？以消极的方式表达你的解决方案，比如"不要对我大喊大叫"，往往会让对方的注意力更多地集中在你不想要的行为上，并可能在不知不觉中强化它，特别是当你也对他们大喊大叫的时候。更有效的方式是平静地说："请用平静的语气跟我说话。"如此能清晰地让对方的注意力集中在你希望他们采取的积极行动上。

我认识的一名男子非常担心他独自生活的年迈母亲。"我很难对她说'不'，但独自住在老房子里对她来说已经不安全了。她有次摔倒了，在地上躺了6个小时，直到碰巧有人路过。然而，尽管我再三恳求，但她还是拒绝搬家。最后，我给她提出了一个方案。'试试在这套辅助生活公寓里住6个星期吧。我们会保留你原来的这栋房子，不会碰任何东西，如果你不喜欢新的公寓，你随时可以搬回家。怎么样？'对她来说，搬进新公寓试试比考虑放弃自己的房子容易得多。她最终喜欢上了这套新公寓，这也让她有可能选择卖掉旧房子。"这位儿子把焦点从消极的（"卖掉房子"）变成了积极的（"花6个星期试试这套新公寓"）。

换句话说，不要只让对方停止做你不希望他们做的事情，而要让他们开始做你希望他们做的事情。

让你的要求带有尊重

即使你要求的是一个具体可行的改变，其他人也可能仅仅因为你采取的方式而拒绝。你可能正在用一种挑战对方权力的方式来构建你的提议，让他们感到丢脸。你采取的方式可以决定对方会接受还是拒绝。

很多人经常会把他们的提议以强烈要求或命令的方式表达："要么停下来，要么做点儿别的！"强烈要求往往是在试图控制对方，通常会无视他们自己做出决定的权利。这会更难让对方做出你想让他们做的事。虽然"我打电话的时候别跟我说话！"听起来和"请等我挂了电话再跟我说话好吗？"的基本信息相似，但第一个是命令，第二个则是礼貌的要求。真正的区别主要不在于言辞，而在于内在的尊重态度。

提出一个相互尊重的结果

有时，除了一个直白的"不"，没有其他解决方案可用或合适。在这种情况下，你的提议可能需要控制在最低限度。你只是在明确或含蓄地要求对方接受你的"不"，尊重你的需求。你提出的结果是：给自己也给对方一条生路，尊重对方也被对方尊重。

在一场激烈的争论之后，一位合伙人对另一位合伙人说："请你尊重我现在对独处一段时间的需要。谢谢！"房主对门口的一位坚持不懈的推销员说："我请您尊重我们的隐私，不要再到这里来。您能为我这么做吗？"一位朋友在拒绝邀请后对另一位朋友说："我希望你能理解。"

有一次，我看到10岁的泰在他的父亲和一群朋友谈话时跳来跳去，大声喧哗。泰对父亲的第一个"不"（"泰，现在不要跳了"）置之不理，父亲说："泰，我在跟你说话。请帮帮我。我们正在开会，我需要你给予尊重。"这一次，泰照办了。

无论你提出什么积极的建议，你提出的都应该是相互尊重的结果。你是在向对方表示尊重，也是在请求他们给予同样的待遇。相互尊重是积极说"不"的目标。

以一个积极的基调结束

正如从一个积极的基调开始积极说"不"有助于维护双方的关系一样，以一个积极的基调结束积极说"不"也会有所帮助。一个积极的提议可以达到这个目的。用一种简单的尊重姿态来认可对方也是如此。"谢谢，但我们不接受电话问询。祝您度过愉快的一天。"表达尊重不会让你付出任何代价，而且可能会带来很大的红利。

在说"不"之后，表达你对达成协议的可能性和一段持续的关系的信心也是有帮助的。"我相信这一方案将解决我们的问题，并将使我们结成牢固的伙伴关系。"或者，在拒绝在委员会任职的邀请时可以说："我很感谢你们考虑我，但我目前的职责使我无法任职。我期待着非正式地提供帮助，也希望我们会有其他合作的机会。"换句话说，描绘一幅积极的未来图景。

在对殖民统治说"不"的时候，甘地喜欢在谈判中提醒英国当局，他希望印度在独立后与英国建立互利的关系。[3] 他这样说时，眼睛会闪闪发亮，因为他知道他的对话者不相信印度会独立。但最后，甘地是对的——不仅印度独立了，而且两国至今仍保持着密切和互利的关系。

不要只说"不"，要说"是！不。是？"

现在我们已经到了第二阶段——说出一个积极的"不"的尾声。你首先对你的利益说"是"，然后让你的"不"自然而清晰地从"是"中浮现，最后提出一个积极的建议。你以肯定的

"是！"开始，然后转到一个实事求是的"不"，最终以邀请式的"是？"结束。

就像你学习构建符合语法的句子一样，你也可以学习构建自己的"不"，将各种元素组合在一个周密的架构中。以我认识的一个16岁的男孩为例，他的祖父一直追问他性生活的细节。"听着，爷爷，"年轻人回答说，"当您问这样一个私人问题时，我真的很尴尬。您能不能不要这样做？当我准备好谈论这件事的时候，我一定会让您知道的，好吗？"祖父尊重了他的意愿。

学习语法要求你将句子分解成不同的成分，同理，你也可以这样学习一个积极的"不"的构成：

- "当您问这样一个私人问题时，我真的很尴尬"＝表达你的"是！"
- "您能不能不要这样做？"＝宣告你的"不"
- "当我准备好谈论这件事的时候，我一定会让您知道的"＝提出一个"是？"

当然，有时这三个元素的顺序可能会不同，或者你可能会留下一层隐含的意思，比如"请你不要吸烟好吗？我对此过敏"。重要的是准备好这三个元素，并在脑海中牢记每一个元素。然后，只要你具备这样的意图，并且不选择回避，你就可以灵活地决定如何、何时以及是否将这些元素中的每一个传达给对方。

当你积极说"不"之后，你还需要应对对方的反应。接受一个"不"可能很难，即便是一个积极的"不"。你的下一个挑战是如何让对方的反应从抗拒转变为接受，这就是积极说"不"这个方法的第三阶段也是最后阶段的主题。

第三阶段
贯彻始终

第七章
忠于你的"是"

一开始他们无视你。

然后他们嘲笑你。

接着他们攻击你。

最后你赢了。

——圣雄甘地

既然你已经说出了一个积极的"不",你就很容易得出这样的结论:艰难的工作已经结束了。但即便你已经说出了"不",恐怕你离"是"也还有很长的一段路要走。你要如何应对对方对你的"不"的反应,并让他们对你的提议说"是"?既然你已经准备好了,而且已经可以传达你的"是!不。是?",那么是时候贯彻始终了。

这个贯彻阶段的第一步就是忠于你潜在的"是"。

挑战：管理对方的反应

我曾在法兰克福看到一块广告牌，上面写着："我唯一想听到的词就是'是'。"这可能是许多人共同的感受。成为一个"不"的接收方并不容易。你的"不"可能意味着对预期的令人痛苦的调整，对对方重视的价值观或需求的可见的威胁，甚至是对他们基本身份的挑战。

自然，对方可能会抗拒你的"不"。他们可能会假装没听到；他们可能会哄骗、乞求、恳求或生气；他们可能会反击、威胁或勒索你。你的老板可能会生气地回复你："我不接受拒绝的回答！"你的客户可能会威胁你："您到底想不想和我们做生意？您的竞争对手会按我说的做！"你的配偶可能会反驳说："你不是认真的吧？我为你做了这么多，你就不愿意为我做这一件小事吗？"你可能害怕的正是这些反应，这也正是为什么你一开始就不愿意说"不"。

谈到具有挑战性的对"不"的回应，一个很难超越的例子是美国总统林登·贝恩斯·约翰逊（以下简写为 LBJ）和他的演讲稿撰稿人理查德·古德温之间曾有的一段对话。这段对话还曾在电视纪录片《战争之路》中被以戏剧性的手法夸张地呈现：古德温进入总统办公室向 LBJ 提交辞呈，实际上是对继续任职说

"不"，然而，LBJ拒绝接受古德温的"不"。

LBJ（坐在办公桌前在给越南阵亡士兵的家属的慰问信上签字）：什么事，迪克（理查德的昵称）?

古德温：总统先生，正如比尔·莫耶斯告诉您的那样，康涅狄格州卫斯理大学给我提供了一个研究员职位。

LBJ：嗯，对你来说是个好消息。哈，那可不容易弄到。

古德温：不，不，应该说我简直太幸运了。

LBJ：嗯，你应该早点儿拒绝他们，这样他们就可以给下一个候选人打电话了。

古德温：总统先生，我已经接受了。

LBJ：没问题，你之前不知道你不能去。给他们打电话，让我来说，不会给你带来任何麻烦的。

古德温：您说我不能去是什么意思?

LBJ：意思就是你不能去！没有你我可不行！我这么需要你，你可是个大人物。你接受了研究员职位，又能成为多大个人物?

古德温（在椅子上焦急地扭动着身子）：嗯，在我来之前，您没有我也过得很顺利。

LBJ：你想要更多的钱吗? 我有很多钱。我会安排约翰逊基金会给你付款的。

古德温：钱不是问题，总统先生。那是我想做的事。

LBJ：喂，不会吧？那说吧，你想做什么？

古德温（站起来）：总统先生，我，啊，非常抱歉。

LBJ：现在，迪克，你要么和我待在这里，要么你去五角大楼（国防部）给自己买双闪亮的黑色靴子。我问过麦克纳马拉，有一项法律规定，我们可以征召对国家利益至关重要的专家。这就是我要做的！如果你不在这里为我服务，你知道我可以派你去服役。

古德温：你要让我当将军？

LBJ：哦，你不会想当将军的。你会成为一个二等兵，海军陆战队步兵……那里才是行动的地方。我知道你喜欢待在行动的一线！这就是为什么你在这里待了这么久！你听我说，迪克，你去当研究员吧，但是你的双手早就沾满了这一切（给他看给越战士兵家属的慰问信），你、莫耶斯、邦迪，还有其他每个人都在想着弃船逃跑！几乎你们所有人都在这么干！你已经把你的名字写在了"伟大社会"[①]上，你还奠定了战争的基调！躲在某个大学校园里或去做任何你想做的事情都改变不了这一点！驳回！

---

① "伟大社会"是20世纪60年代由美国总统林登·约翰逊和其在国会的民主党同盟提出的一系列国内政策，主要目标为促进社会经济繁荣和消除族群不平等。古德温亦参与其中。——译者注

LBJ 使用了诱骗、奉承和贿赂的强大组合，当这些都不起作用时，他就开始威胁古德温的个人人身安全。幸运的是，大多数情况不会像这个案例那么具有挑战性，但其中许多时候都包含类似的元素。这是对你的"不"的力量的真正考验——在你最容易动摇的时候。

你如何控制对方对你的"不"的强烈反应，并将其转化为接受？

了解接受的各个阶段

第一步是要明白对方可能需要时间来消化你的"不"。在说"不"的过程中，你是在向他们呈现一个新的且令人不快的现实。事实上，你是在传递一个坏消息。了解人们在听到坏消息时会自然地经历一系列的情绪阶段将帮助你学会如何应对对方的反应。

20 世纪 70 年代，瑞士精神病学家伊丽莎白·库布勒-罗斯发表了一项研究成果，关于人们在面对灾难性消息（如他们即将死亡的消息）时通常会经历的情绪反应的大致顺序。[1] 虽然接受"不"通常不是那么可怕的情况，但"不"确实会让我们面临潜在的损失和所有随之而来的情绪。我们可以吸取库布勒–罗斯的研究成果,并粗略地调整这个模型以服务我们的目的。没有完全一致的顺序,模式当然也会因人而异。通常一个人会经历的阶段是回避、否认、焦虑、愤怒、讨价还价、悲伤和接受。

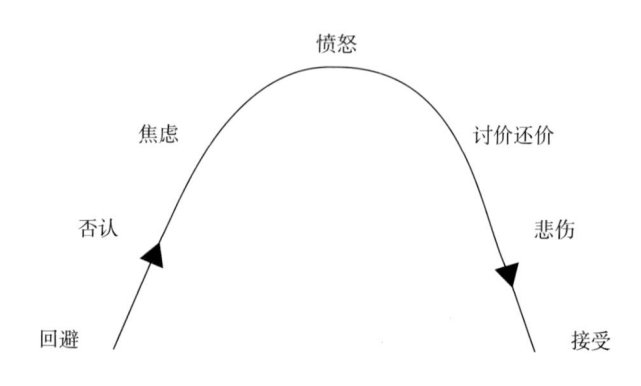

```
                    愤怒
         焦虑              讨价还价
     否认                      悲伤
   回避                          接受
```

图 2　接受曲线

回想一下 LBJ 的案例。他以回避理查德·古德温的辞职开始:"嗯,你应该早点儿拒绝他们,这样他们就可以给下一个候选人打电话了。"而当古德温再次提起这件事情时,他转而激烈地否认:"没问题,你之前不知道你不能去。"当古德温坚持的时候,LBJ 进入焦虑和愤怒的阶段:"意思就是你不能去!没有你我可不行!"然后 LBJ 开始讨价还价:"你想要更多的钱吗?我有很多钱。"当这些都没有产生他希望从古德温身上获得的效果时,LBJ 勃然大怒。

我们再来看一个商业场景中的例子。假设你有一个重要的客户，他想让你在你认为完全不现实的时间内完成一个项目。你决定自己来向他解释，为什么你在分配的时间内完成这项工作是不可能的事情。这是你的客户所不想听到的坏消息。

一开始，你的客户可能会否定存在问题："我不知道有什么问题。您可以做到的！我确定您可以！"假设你继续坚持解释这个截止时间为什么是不可行的，这一次，你可能已经可以看出你的客户开始焦虑了："我们必须在这个时间节点前完成任务，不然我就要有麻烦了。"焦虑还有可能转化为愤怒："如果您没有花那么长的时间才把您的企划书交回给我，我们本来是有足够的时间的！"愤怒还会带来威胁："如果您想继续做这笔生意，您就必须想办法把它完成。"接下来你就会成为病态情绪的承受者，这场游戏很容易就会变成："如果您不喜欢这个消息，那就杀了那个传递消息的人！"

现在，你或许很能理解为什么我们期望另一方对坏消息有很好的接受能力。但人类并不是机器，他们有情绪性的反应，也需要时间去处理这些反应。

你或许没有办法阻止这些情绪的自然展开，但你可以帮助他们消化这些情绪，进而让他们更容易地接受你的"不"。

你所能做的最简单的事就是控制你自己的自然反应。记住，除非你能先影响自己的行为，否则你很难影响对方的行为。

不屈服,不攻击

我们说"不"之后的那一刻,可能是我们最容易动摇的时候。我们可能会感到内疚和不安,害怕伤害对方的感情。在这些情况下,坚持你的"不"就变得很有挑战性。

我当然也是这么觉得的。当我离家外出时,我喜欢通过电话给我的女儿加布里埃拉读睡前故事。像大多数小孩子一样,她是一个能干的谈判者,而她自己正在与谈判专家打交道这件事对她一点儿也不构成影响。

"再读一页就睡觉,好吗?"我说。

"哎呀……再读三页。"她回答说。

"好吧,再读两页。"我说。

"好的。"

等读完这两页,我说:"今天就到这儿了。"

"等一下,那不是两页。"她说。

"是两页,"我说,"我们刚读了第 10 页和第 11 页。"

"我的意思是完整的两页,每页包括正反面。"

"等一下。"

"啊,就这一次,拜托了,爸爸。"

然后我就照做了。尽管我对此有清楚的理解，但我仍然觉得很难说"不"，部分原因是我对经常离家感到内疚。

如果对方像 LBJ 那样做出愤怒的反应，我们可能也会受到屈服的强烈诱惑。我们可能担心，双方关系的紧张程度将继续上升，直到情绪爆发，终结达成协议的可能性或本可持续的关系。为了消除这种恐惧，我们从断然否定的模式转变为以牺牲我们的需求和价值观为代价的迁就模式。但是，在压力下牺牲你的原则是不明智的。

在压力下选择迎合的最悲惨的例子之一是一场举行于 1986 年 1 月 27 日的电话会议，那是"挑战者号"航天飞机发射的前一晚。[2] 当美国国家航空航天局（NASA）问询时，负责制造火箭助推器的公司的工程师建议不要继续发射，并提供了 O 形环可能在预期的低温下失效的数据。但是，当 NASA 官员表示震惊和不满时，工程师们的经理们匆忙召开了一次集体会议，把"不"改成了"是"，批准了这次发射。最终结果是：发射于 1 月 28 日进行，火箭助推器上的 O 形环失效，火箭爆炸，7 名宇航员遇难——正如工程师们所担心的那样。

与在压力下屈服相比，另一个常见的选择是反击。猛烈抨击和以牙还牙是很容易的。"您找我找得太晚了！"供应商埋怨客户。然而，反击通常只会让对方更愤怒，更有可能拒绝我们的"不"。我们会进入互相喊话的比赛，我们的积极提议成为历史。

正如甘地所说："以眼还眼，我们都会失明。"

我们应该借鉴一下赫拉克勒斯的传说。有一天，他出发去完成他的 12 项工作中的一项时，在路上被一头长相奇怪的野兽吓了一跳，它突然抬起头来威胁他。赫拉克勒斯的反应是用他的棍子击打那头野兽。让赫拉克勒斯惊讶的是，这头野兽没有逃跑，反而变成 4 倍大，变得更具威胁性。赫拉克勒斯再次攻击了这头野兽，这一次他付出了加倍的努力。但赫拉克勒斯攻击得越猛、越快，野兽长得就越大，直到它变成挡住了整条路的怪物。突然，女神雅典娜出现在赫拉克勒斯身边。"停下，大力士！"她大叫道，"你难道看不出来吗？这头怪物的名字叫冲突。攻击它，你就会让它成长；置之不理，它就会恢复到原来的大小。"

正如雅典娜提醒赫拉克勒斯的那样，解决问题的关键不应该是过度反应，而应该是保持在正轨上。别管冲突了。无论你是攻击还是屈服，你都是在做出反应。你偏离了轨道，不再专注于重要之事——保护你的核心利益和需求。屈服会鼓励对方的侮辱行为，反击则会强化这种行为。在这两种情况下，你都会打断对方接受你的"不"的过程。

怎么做是你的选择。当你对对方的反应做出反应的那一刻，你就开始了一个可以永远持续下去的"行动—直觉反应"的循环。替代方案不是做出反应，而是忠于你潜在的"是"。把你的注意力集中在对你重要的事情上。换句话说，去楼座。

去楼座

你可能还记得第一章所提到的，剧场楼座是一个透视、平静和自我控制的精神场所。去楼座可以让你保持对重要之事的关注。

在做出反应前暂停一下

如果对方处于愤怒或恐慌中，那么你就需要为了双方保持足够冷静。你的冷静可以像他们的愤怒或恐惧一样具有感染力。记住要呼吸——在这些时刻，我们经常会无意识地屏住呼吸，剥夺大脑进行良好思考所需的氧气。深呼吸一两次，直到你重新振作起来。在做出反应前暂停一下。

这种有意识地充分呼吸的简单技巧的有效性充分反映了一种生理现实。愤怒时，我们的心率和血压通常会升高，导致血液从大脑更快地流向四肢，以服务我们战斗或逃跑的目的。这就不是做决定的最佳时机。稍做停顿，哪怕只有几秒，再做几次缓慢的深呼吸，我们就可以开始降低心率，放松紧张的肌肉。然后，我们就可以更有效地关注什么样的应对措施更能推进我们的利益。

托马斯·杰斐逊同样引用过这条忠告。杰斐逊书写了美国历史上最伟大的"不"之一：《独立宣言》。作为组建这个新国家和新宪法的重要辩论的关键参与者，杰斐逊目睹了许多政治领导人是如何在为自己的利益和价值观挺身而出说"不"时情绪失控的。在这场辩论中，杰斐逊给他的同事们一个忠告："生气的时候，数到10。如果非常生气，那就数到100。"

在当今的电子邮件时代，电脑屏幕上最诱人的按钮是"回复"。当对方用一封愤怒的电子邮件回应我们的"不"时，我们可能会忍不住写一封反驳，并立即点击"回复"。或者更糟糕的是，我们可能会点击"回复全部"，这可能会使冲突迅速升级到失控状态。在回应对方对你的"不"的反应时，屏幕上最好的按钮是"另存为草稿"。写好你的回复，把它保存起来，一个小时后再看，或者更好的选择是在睡个好觉之后再看。然后问问你自己，什么样的回复才能最好地服务于你的利益诉求。"另存为草稿"就是那个"楼座按钮"。

当我想要做出反应的时候，我喜欢提醒自己我的研讨会的一个参与者、一位资深外科医生最喜欢的一句话。在手术期间，他的同事们会紧张地跑来跑去，而他会特意提醒他们："慢下来，我们现在时间紧急！"正因为没有时间可以浪费，没有时间犯错，所以我们需要放慢脚步。特别是如果我们想要加速冲刺，我们就更需要放慢步伐。

识别对方的伎俩

当你从楼座上俯瞰下面舞台上正在发生的事情时，即便你已经透过对方的举动看出了他们的潜在意图，你也可以观察他们的举动并欣赏他们巧妙的伎俩和挑衅方式。如果你能把他们的挑衅看作一场游戏，你就不太可能会将它们视为针对你个人的举动。你也不会被他们的伎俩击倒。看看对方是如何激怒你的。观察你自己的感受和感知。在压力下，你很有可能会感觉手心出汗、脉搏加快、肠胃痉挛。当你注意到自己的反应时，你就可以开始控制自己，让自己平静下来。从剧场楼座的视角来观察，你可以记住，这次攻击不是针对你个人的，这是一次关于他们的攻击，而非关于你的攻击。

可以在楼座上使用的一个非常有用的技巧是"识别对方的伎俩"——给你看到的每一种用在你身上的伎俩贴上识别标签。想象一下，你刚刚拒绝了一位同事，这位同事在做他的项目时一直很松懈，现在却催促你立即给予帮助。你一直在加班加点地工作，以完成自己的任务，所以你根本没有时间帮他。

"拜托，"乔治说，"求求你！你是金融方面的天才。没有你，我会晕头转向的。只有你能帮我。"他用了什么伎俩？奉承。

当你重复你的积极的"不"时，乔治坚持说："但是为什么不能帮我呢？这只是一件小事。你在有空的时候可以很轻松地完成它。"什么伎俩？最小化问题和滑坡谬误。

尽管你坚持说"不"，但诡计还在继续出现，所以你一直在暗自识别这些伎俩：

"我为你做了很多事。现在，请就为我做这一件事。"什么伎俩？引起内疚和情绪操纵。

"但你说过你会帮我的。"什么伎俩？曲解原意。

"这就是你承诺的分量吗？"什么伎俩？人身攻击。

"如果别人发现你的话不可信怎么办？"什么伎俩？威胁。

"我还以为你是我的朋友呢。我们认识了那么久，一起打高尔夫球，我们的孩子也是朋友。"什么伎俩？引起内疚。

"下次你需要求我的时候，我会记住今天的！"什么伎俩？威胁。

"好吧，我这么说，你只要帮我开个头，如果任务太多了，你可以停下来。"什么伎俩？错误预期和滑坡谬误。

"你等着看吧，老板要是听说了这件事会怎样。"什么伎俩？威胁。

换言之，通过耐心和坚持不懈地识别对方的每一个伎俩，来应对你的"不"所遇到的抗拒，中和这些抗拒对你的影响。你可能不会捕捉每一个伎俩，但即使只识别其中几个也会有所帮助。这个识别的做法增强了你的客观和自制，让你不那么容易说出被动的"是"或被动的"不"。这种沉默的识别可以产生巨大的力量。

掐一下你的手掌

我最喜欢的一个在被激怒时保持专注的技巧是身体上的。我是从我的秘鲁朋友赫尔南那里学到的，那就是掐我的手掌。不知为何，这个动作能帮助我想起我的目标并保持冷静。我记得有一次我与委内瑞拉的一群主要媒体的所有者参加了一场早餐会，他们是反对查韦斯总统的政治反对派的中坚力量。他们对查韦斯的行为感到非常愤怒。当我提出与总统展开对话或许符合他们的战略利益时，他们15个人全都对我提出如此愚蠢的建议表示怀疑和愤怒。他们对我的质疑持续了近3个小时，我不停地掐自己的手掌以保持冷静。这并不容易——在很多情况下，我发现自己想要做出直觉反应。但我抵制住了诱惑，继续以低调的方式认可他们的担忧，并重申我的观点。最后，让我大吃一惊的是，这些媒体大亨反而选择请我帮忙开启一场对话。

如果你知道你很难不对对方的挑衅做出直觉反应，那么可以考虑请朋友或同事陪你。你的盟友可以默默地——或者不那么默默地提醒你把自己的目光放在重要之事上。如果你开始失控，盟友可以密切观察并安抚你。换句话说，你的朋友可以为你呈现楼座的视角。

使用不做反应的力量

你拥有的最重要的一项权力就是选择不做出任何反应的权力。

在我与查韦斯总统和他的内阁开的一次深夜会议上，他对自己的政治反对派大发雷霆。整整一个小时，他俯身看着我的脸，发泄他的愤怒和沮丧，暗示我和其他中立者被蒙蔽了双眼。当然，我想为自己和同事辩护，但我感觉这只会让他更生气。而且我很好奇，他的行为在多大程度上是为了给他的幕僚们留下深刻印象而展示的强硬态度。所以我只是深吸了一口气，掐了掐手掌以保持专注，等待他经历从愤怒到悲伤再到接受的各个阶段。果然，一个小时后，他平静下来，用一种有点儿恼火和听天由命的语气问我："尤里，你建议我怎么做？"这就是我一直在等待的机会。我终于得到了他的注意，并提出了我的建议，那就是在圣诞节期间设立一个冷静期，让冲突各方都能在"剧场楼座"上度过一小段时间，人们也可以享受假期。不久之后，总统和蔼可亲地与我聊天，邀请我和他一起去巡视全国。我学到的一课是：你可以选择不做出反应，观察当下的戏剧性事件，然后等待适合做出回应的机会。

记住，做出反应就是将控制权交到对方手中，不做出反应则可以给你提供力量。没有任何地方比从种族隔离向多数统治的政治过渡期间的南非更能说明这一原则。1993年4月，一名白人暗杀者杀害了克里斯·哈尼，哈尼是一位极受欢迎和受人尊敬的黑人领袖。非洲人国民大会领导人、哈尼的密友托基奥·塞克斯维尔描述了接下来发生的事情："克里斯·哈尼遇刺事件几乎是我们所做一切的一个转折点。为了我们的诉求，为了和解，为了我们民族团结的决心，为了我们想要看到的一切——建立民主，结束战争，消弭枪声，让孩子们能把玫瑰放在枪口里。

"但他的头颅碎了。我人生中最不幸的经历就是在那天早上被叫醒并被告知克里斯中枪了。我跑到那里（因为他家就在我家旁边），心里还抱有希望地想：'看，我们得送克里斯去医院。'但看到他的伤口时，我很容易就能看出他已经死了。那一刻你能说什么？……当时我们需要做出一个选择。你站在那里，你可以在数百名电视和电台代表面前说：'开战！'你可以总结出大多数人，压倒性的绝大多数人，特别是南非黑人的感受。我的意思是，如果你杀了克里斯，那就是极大甚至最大的挑衅……

"我们在那一天本可以引爆炸药的。当纳尔逊·曼德拉从特兰斯凯赶过来时，那里本可能已经发生了一场武装战斗。是的，我们当时是军队的指挥官。是的，人们会追随我们的脚步。"[3]

但塞克斯维尔、曼德拉和他们的非洲人国民大会的同人控制住了自己的情绪，选择不做出反应，一直盯着最终的战利品。相应地，他们利用这一时刻迫使政府做出关键的战略让步，称如果没有切实进展的迹象，他们无法有效地抑制复仇的呼声。

让我再次引用塞克斯维尔的话："我们非常、非常明智地利用了那一刻……对（白人少数党政府的总统德克勒克）说：'克里斯死了，你要告诉我们一个选举的日期。'……因为除了选举，我们没有什么可以向人民交代的。"

纳尔逊·曼德拉不顾种族隔离政府最初的反对，出现在国家电视台上，向全国发表了现场讲话，以平息悲痛、愤怒和复仇的愿望。正如塞克斯维尔所说，"当晚的情况非常清楚——总统发表了讲话。那就是德克勒克的末日。剩下的就是通过选举将其下台正式化"。最终，那场变革性的选举在一年内成功举行了。

激烈地做出反应可能会带来短期的宣泄，但会造成长期的损失。选择不对一起后果严重而悲惨的挑衅事件做出反应，使曼德拉和他的同事们能够为种族隔离权力的终结盖棺论定。

当对方对你的"不"反应强烈时，记住你还有不做反应的力量。有时候，正是因为那些你没有做的事情，战利品才会落入你的手中。

带着尊重去倾听

可以让你帮助对方从抗拒转变为接受的最简单方法可能就是带着尊重去倾听,就像你在准备说"不"时所要做的那样。即使面对对方的挑衅,也要保持尊重,记住你给予对方尊重不是因为他们是谁,而是因为你是谁。忠于你自己和你的价值观。并且,与其他人保持联结。

当你在倾听的时候,要小心你的负罪感。记住,你不需要对对方的反应负责。让他们体验一下他们对你的"不"的自然反应。不要试图把他们从失望或悲伤中解救出来,这些都是正常接受过程的一部分。同情尽管听起来很美好,但可能会让你变得软弱和退让。你可以有同理心(这意味着设身处地为对方着想),而不需要同情对方(这意味着与他们分担痛苦)。有同理心是尊重的一种形式。

复述

在冲突局势中,人们很少会感到被理解和被尊重。当他们感受到被理解和被尊重时,他们往往会十分惊讶,并开始放松。所以,继续听他们说,让他们知道你在倾听。这么做的一个有用的工具是复述——用你自己的话重复你听到对方说的话。这种有用的技巧至少可以追溯到中世纪的巴黎大学，那里的神学辩论规则是，你必须重复别人说过的话，直到他们满意，认为你已经理解了他们的意思，然后你才能表达自己的观点。放慢讨论的速度实际上可以加快理解的进程。

如果你机械地或不真诚地进行复述，它就会产生与你的预期相反的效果，并且刺激对方的神经。但如果你以真诚的精神去做，它可以达到三个有用的目的。它让对方知道你在试图理解，这是一种尊重的姿态；它能确保你真正理解对方所说的话；它让你可以"去楼座"几秒，在回答之前思考一下。

开始复述过程的一些常见短语是：

- "让我确认一下我理解了你刚刚说的话。"
- "如果我没听错，你是这么说的……"
- "帮我理解一下。如果我没听错，你说的是……"

认可他们的观点——但不让步

比复述更重要的一步是认可对方观点的有效性，但同时不在观点上让步。

让步意味着放弃自己的观点，而认可则允许你在尊重对方观点的同时继续坚持自己的观点。"我明白你的意思。这是一个有效的观点。但我碰巧有不同的看法。"你认可他们的观点，但并不同意这些观点。

参考一位母亲和她年幼的女儿之间的对话。

女儿：我真的很想要一个小妹妹。

母亲：我能感觉到你有多想要一个小妹妹。我也希望你爸爸和我能再有一个孩子，亲爱的，但我们做不到。

女儿：拜托，妈妈。我真的真的很想要一个小妹妹。求求你了！

母亲：亲爱的，你真的很失望，是吗？

女儿：嗯。（她开始哭）

母亲：我很抱歉让你这么难过。我希望你爸爸和我能解决这个问题，但我们做不到。（女儿继续哭泣）

母亲：这很难接受，是吗？

女儿（点头）：这不公平。我是家里最小的一个，但我不想这样。

母亲：你不喜欢当最小的，是吗？

女儿（抽泣）：不喜欢。

这位母亲没有试图与女儿说理，也没有给她提建议。她只是倾听并认可女儿的感受，试图反射出她在话语背后听到的东西。她允许女儿感到失望和悲伤，尊重女儿的感受，但不退让。这就是尊重。（我很高兴地表示，后期解决方案确实出现了。家里来了一只比小女孩小得多的小狗，她很高兴。）

把"但是"改为"是……而且"

通常主流的心态是非此即彼：要么你是对的，要么对方是对的；要么你的利益会被满足，要么对方的利益会被满足；不是你随心所欲，就是对方自行其是；只有一种观点的余地，所以必须排除另一种观点。这种非此即彼的隐藏假设造成了不必要的两极分化冲突，只会转移人们对你的目标的注意力，而你的目标是说服对方尊重你的需求。

你可以选择采用两者兼而有之的心态。别人说的有道理，你说的也有道理。毕竟，积极说"不"的本质不是拒绝对方，而是肯定自己的基本需求和价值观。

具体地说，这种转变或许可以采取这样的方式：用"是……而且"代替"但是"这个词。如果你的客户要求降价，说"你们的价格太高了"，你会忍不住反驳："但是请看看我们的质量、我们的服务，以及我们的可靠性。"问题在于对方可能不会真的听你说的话，因为"但是"这个词就是一个语言线索，表明他们即将被驳斥。人们不喜欢被反驳，所以他们会捂住耳朵。如果你先认可对方的观点，然后表明自己的观点与对方的观点并非矛盾，而是对他们的观点的补充，那么你就更可能使对方理解你的观点。"是的，您是对的，我们的价格确实处于较高的区间。而且如果您考虑到我们的质量、我们的服务和我们的可靠性，我想您会发现我们的价格相对于所提供的价值来说是非常合理的。"这是一个用词上简单但有力的变化。

说"哦？所以呢？不。"

在一些嗜酒者家庭互助会的圈子里，人们会使用一种有用的技巧来应对对方对自己的"不"的反应。不管对方说什么，他们都建议用以下三个词中的一个来回答：

- 哦？换句话说，以中立、不做反应的方式认可对方的观点。
- 所以呢？让对方使用他们所有的诡计和伎俩，然后无动于衷。
- 不。重复你的"不"。

想象一下，一位熟人向你要钱，而你已经说了"不"。对话可能会按照下面这样发展：

> **熟人**：我的钱用完了。
> **你**：哦？
> **熟人**：我真的破产了。
> **你**：所以呢？

熟人：我真的很需要钱。

你：哦？

熟人：你一直是我的好朋友。

你：所以呢？

熟人：你能借我一些吗？

你：不能。

当然，你的回应并不总需要如此简略，但这种做法是简单而好记的。它作为认可对方观点而又不退让的另一种方式，对于容易迎合的人来说可以是一种有用的练习。

像树一样站稳脚跟

正如树木知道如何在暴风雨中屹立不倒，随风弯曲而不折断一样，当涉及对不想接受我们的"不"的人说"不"时，我们需要表现出坚定和灵活。

在说"不"的过程中，没有比应对对方的反应更困难的挑战了。你很容易屈服或攻击——以反应对反应，但这没有必要。

即使在本章开头描述的困难情况下,想辞职的年轻演讲稿撰稿人理查德·古德温还是找到了一种忠于自己的"是"的方法。尽管约翰逊总统装腔作势,妄图操纵,但古德温没有屈服,也没有攻击。他忠于自己的意图,辞职并接受了学校所提供的研究员职位。虽然此后LBJ进行了一段时间的报复,将古德温赶出了他的办公室,但他最终还是软化了态度,接受了古德温的"不"。他对古德温辞职信的回信展现了他从愤怒到悲伤再到真正接受的转变。"亲爱的迪克,"LBJ写道,"我在读(你的信)时怀着深刻而复杂的情绪——对信中描述的决定深感遗憾,对信文承载的情感深怀感激,并对写这封信的你产生了新的欣赏。"他继续邀请古德温回到白宫负责撰写国情咨文。

了解接受的各个阶段能够使你预见对方的情绪变化过程,并几乎像观看多幕剧一样观看这场好戏。作为一个客观的观察者,你最大限度地减少了屈服或攻击的诱惑,并允许自己等待合适的时间做出反应。如果你没有做出反应,你就能让对方的焦虑和愤怒平息,这有助于为对方接受你说"不"这一现实铺平道路。通过尊重对方的接受过程,就像古德温对LBJ所做的那样,你也可以提高未来拥有友好关系的机会。

然而,如果对方仍然拒绝接受你的"不",你就需要全力以赴地强调你的"不"。这是下一章的主题。

第八章
强调你的"不"

> 风越大,树就越强壮。
>
> ——古谚语

1930年,在印度,一位看似虚弱的老人没有地位,也没有传统意义上的权力,却决定挑战世界上最强大的帝国。[1]殖民统治已经持续了4个世纪,它必须结束。无数对不公正说"不"的请愿书都被忽视了。是时候行使权力了,也就是采取替代方案,但是该怎么做呢?这位老人沉思了很长时间才想出正确的方法。终于,一个策略浮现在他脑海中。帝国对印度的统治是由盐税支撑的,即使是最贫穷的饥饿人口也必须缴纳盐税才能生存。任何人都不能制盐,即使是仅供个人使用。老人决定,他要打破这条不公正的法律规定,向大海行进,从海水中制盐。

当这位老人向他的政治同僚宣布他的计划时,许多人都在想他是不是疯了——他居然想通过制造一把盐来挑战一个帝国。然后，老人写信给帝国当局，解释他对盐法的"不"，要求他们撤销盐法，并宣布如果他们不这样做，他会怎么做。官员们笑了。谁会关注这样的示威呢？他们认为，最好的回应方式不是逮捕他，而是让他继续出丑。

老人离开家，挂着拐杖和80个同伴步行出发前往240英里外的海边。随着他一路前行，日复一日，成千上万的人加入了他的行列。当他到达大海并开始制盐时，整个印度都在关注他——全世界都在关注他。随着这一消息传遍印度，数十万人开始制造和消费这种"非法"食盐。帝国当局很快决定，为了制止叛乱，他们别无选择，只能把这位老人关进监狱。这个做法没有起作用。短短几个月内，印度的监狱里就挤满了超过10万名抗议者。这个国家实际上陷入了停滞。帝国当局的官员再也笑不出来了。

仅仅几个月内，当局就软化了态度，释放了这位老人。令世人惊讶的是，总督——国王的代表，与一名印度人平等地坐下来谈判并达成了一项协议。他们一致同意，居住在海滨的人们可以自己免税制盐。这就是帝国末日的开始。

这位老人自然就是圣雄甘地。没有人比他更清楚如何说出一个积极的"不"。甘地知道有效说"不"的矛盾秘诀：一个强有力的"不"能引出一个深层次的"是"，一个支持生命的"是"。

盐是最基本的必需品，是生命本身的象征。甘地所做的就是，通过从海水中制盐来支持生命——就像人类几千年来所做的那样。

当然，在这样做的过程中，甘地让人们注意到了帝国的压迫统治，让人们注意到了帝国当局是如何让最贫穷的人背负沉重的税收负担，以供养可能是地球上最富有和最奢侈的殖民政府的。他的积极行动是一个响亮而明确的"不"，这个"不"能被印度人民和帝国当局理解。

年复一年，甘地耐心而不懈地坚持，用积极的力量强调他的"不"，直到帝国最终撤销殖民统治。

用积极的力量强调你的"不"

如果对方拒绝尊重你的"不"，你可能只会看到两个选择：屈服和直接开战。然而，还有第三个选择，甘地强调了这一点：强调你的积极的"不"。不是做出过激反应，而是强调。强调的意思是耐心地、坚持不懈地声明"不"就是"不"。这意味着在保持不破坏交易和建立健康关系的可能性的情况下，持续为对你重要的事情挺身而出。它意味着使用积极的力量——正如你记得的那样，正是替代方案所支持的积极意图的力量。

虽然提醒自己拥有一个替代方案很好，但真的诉诸这个替代方案可能会让你付出高昂的代价，并会让你与对方的关系变得紧张。因此，使用渐进的方法是明智的。中国古代军事家孙子曾写道："不战而屈人之兵，善之善者也。"如果对方在你真正开始实施你的替代方案之前就醒悟了，那就更好了。

因此，首先，有必要的话，尽可能频繁地向对方重复你的"不"。如果这样做不起作用，那么就告知对方不尊重你的"不"的后果。如果这也不起作用，那么就该部署你的替代方案了。

重复你的"不"

对方可能不想听到你说"不"。他们可能会否认或感到震惊。他们可能会假装没有听到你说的话，或者假装忘记了你说的话。即使他们听见了你说的话，他们也可能更愿意表现得好像你没有说过"不"一样。有时候，你需要说"不"，不是只说一次，而是反复地说，直到对方收到这条信息。

始终如一、坚持不懈

让我们来看看我的老朋友埃米莉·威尔逊曾面临的挑战,她在著名经济学家约翰·肯尼思·加尔布雷思的家中担任管家多年。有一天,林登·约翰逊总统打电话来找这位教授。

"加尔布雷思在吗?"

"他正在午睡,而且已经下了严令,不得打扰他。"

"嗯,我是总统。把他叫醒!"

"对不起,总统先生,但我是为加尔布雷思先生工作,不是为您工作。"然后她挂断了电话。

当加尔布雷思午睡后回电话时,约翰逊问他:"那个女人是谁?我想请她为我工作。"

埃米莉的体形可能算是小的,但她坚持自己立场的意愿是巨大的。她知道如何坚持自己的"不"。埃米莉知道,在对方试图让你让步和迎合的情况下,始终如一地坚持你的"不"是至关重要的。

来看一个商业案例:一位经理曾不得不屡屡对老板要求解雇他手下的一名员工帕特里夏的持续压力说"不"。"我确信她是对公司而言正确的人选,"罗伯特回忆道,"她只是担任了错误的职位——所以我计划把她调到一个能与客户有更多接触的职位。但罗恩(老板)还是不停地给我施加压力,还不停地说尖锐的话语。

"在年度预算会议期间的某天晚上,我们一群人出去吃饭。罗恩走到我们的桌子前对我说:'我希望你准备好为帕特里夏做一个艰难的决定了。'我决定消除一些误会。'我已经准备好做出一个艰难的决定,但您准备好面对这个决定不是您所想要的决定了吗?'在我看来,艰难的决定是与帕特里夏合作并让她成功,而不是让她走。

"罗恩没有放弃。'嗯,你好好想想。'他回答说。我坚持己见。'我在考虑把她用在别的地方。'他又一次回答说:'嗯,你再好好想想。'

"我按自己的想法继续,让帕特里夏进入了新岗位,她在那里得以大展身手,现在表现得非常出色。大约一年后的一个晚上,在一次宴会上,罗恩走到我跟前,对我说:'你对帕特里夏做了正确的事情。我很高兴我们留住了她。'"

坚持不懈能带来回报。让你更容易坚持你的"不"的动机是,你实际上是在坚持你的"是"。在这个案例中,罗伯特的"是"是给他的员工一个成功的机会,从而使业务取得成功。记住,你的"是"会给你带来力量和耐力。

对我们的上一代人而言,美国的人质事件往往是通过暴力手段来处理的。警察会拿出扩音器,给劫持者5分钟的时间举起双手走出来。如果没有,催泪弹就会被扔进去,警察就会冲进去,然后枪林弹雨。但太多情况下,这样的操作会导致伤亡惨重——人质、劫持者,甚至警察。关于这一点,你只需要想想1993年得克萨斯州韦科发生的悲剧——70多人死亡,其中包括

12名5岁以下的儿童。[2]

随着时间的推移,警察局学会了对劫持者说"不"的更有效的方式。虽然他们准备了替代方案——通常是一支特警队,在需要武力的情况下采取行动,但他们在绝大多数事件中使用的方法是安静、耐心、持续地谈判。这种谈判的很大一部分内容就是一遍又一遍坚定地、充满尊重地说"不"。

以下是在纽约市进行的一次人质谈判中的对话片段。正如电视主播描述的那样,"警察说,一名持枪男子将自己锁在一栋房子里,并劫持了一名10岁的男孩,可能是他的侄子"。劫持人质的乔治要求与分居的妻子安娜贝尔交谈,但她"被吓得不省人事",警方决定说"不"。

乔治:因为我再也不能忍受这件事了,你知道,我指的是不能和安娜贝尔谈一谈这件事。

警长:你不能和安娜贝尔对话。

乔治:那我们就要在这里待很长很长一段时间了。

警长:是的,我们现在要永远待在这里了。

乔治:我不想坐牢。

警长:在布鲁克林,没有人会因为持枪而坐牢。你知道,我也知道。我不想再谈监狱的事了。我告诉过你一遍又一遍,你不会去坐牢的。即使你上了法庭,也是缓刑。我也不想再谈论安娜贝尔了,因为当你提到安娜贝尔的时候,你知道我的答案。因为我希望你没事,希望何塞(作为人质的男孩)没事。我不希望任何人在这里受伤。

乔治:好。

注意警长一再重申的坚决的"不",以及他明确表示的为了人质、劫持者和其他所有相关人员的安全的"是"。这场谈判以这样的方式持续了超过 11 个小时,劫持者经历了所有经典的阶段:否认、焦虑(关于进监狱)、愤怒(以及反复威胁要自杀并杀死被劫持的男孩)、讨价还价和悲伤。最后,由于警长和他的同事们坚持不懈又不失尊敬地积极说"不",乔治接受了这个"不"和随之而来的积极提议,把男孩放了。然后,他按照指示扔掉了枪,并平静地自首。对于纽约市人质分队来说,这是又一起通过运用积极力量成功处理的人质事件。

设计一个锚定短语

不断重复你的"不"可能会让人感到不舒服。这可能会引起对方更强烈的反应,人们的谈话惯例也是反对重复的。"你已经说过这个了!"对方可能会怒气冲冲地大叫。记住,你的目的不是像在正常谈话中那样给对方提供新的信息,而是提醒他们那些既定的现实——你的利益和价值观,而它们需要被尊重。

这样做的主要目的是帮助对方认识到你的"不"就是"不"。大多数学习过程，无论是学习阅读还是打网球，都需要重复。学习尊重"不"和这些学习过程没有什么不同，尤其是在学习者可能并不热衷于这个学习过程的情况下。

有时候，为了让对方尊重你的需要，只需重复一遍你的"不"就够了——"很抱歉再次打扰您，但餐厅里禁止吸烟"，对方会照做的。然而，有时对方就不那么容易放弃了。想想当你遇到训练有素的上门推销员或电话推销员的时候，他们经常玩一个游戏，叫作使用各种操纵技巧来让你放弃你的"不"。

坚持"不"的一个关键是精心设计一个简单的短语，一则简短的声音信息，它对你有效，当你感受到对方施加的无情压力，大脑可能会一片空白时，你可以反复使用这个短语。把它看作一个锚定短语，一种在暴风雨中锚定你的"不"（和你潜在的"是"）的方式。你可以选择的锚定短语包括：

- "这对我不管用。"
- "不用了，谢谢。"
- "这么做让我不太舒服。"
- "对不起，我不感兴趣。"
- "我们已经选择了几家慈善机构，我们希望把捐款集中在这些慈善机构上。"

尽量把你的话简明扼要地说出来。不要说任何不必要的话，换句话说，不要说任何对方为了逃避学到"不"就是"不"的基本教训而可能抓住的东西。锚定短语只是让你保持在正轨上的一种方式，避免你从你的"不"上分心。

我曾经帮助一位朋友学习如何保护自己免受焦虑的亲戚和朋友对他的健康问题的侵扰。我们选择了一个对他有效的锚定短语："对不起，现在讨论这个问题让我感觉不太舒服。"然后，当我和他进行角色扮演时，我不断地向他提出纠缠不休的问题，他则一遍又一遍地练习着这句话。锚定短语成了他的第二天性，成为他本能词汇的一部分。他立即将它投入使用，这帮助他在一个微妙的时期保护了自己的隐私。当你的"不"要对抗对方的压力时，一句简单的话就能让你保持稳定。

使用有意重复

乍一看，重复自己的话似乎有点儿刻意——部分原因是我们受到的训练要求我们不重复自己的话。重复你的"不"不一定得是机械的，不像是机器人或坏了的唱片，这或许没那么烦人。相反，你的重复可以是有意的。每次你都可以以新鲜的方式使用相同的锚定短语，通过专注于你的潜在意图——你内心深处的"是"，来更新你的锚定短语。你也可以通过微笑或表达认可来使重复变得人性化。

不管对方用什么伎俩对付你，你的答案都是一样的。你用同样实事求是的语气重申你的界限。

刻意重复的经典例子可以在赫尔曼·梅尔维尔19世纪的中篇小说《抄写员巴特比》中被找到。梅尔维尔描绘了老曼哈顿的一个场景。[3]在那里，一位拥有上层权力和地位的律师讲述了他与新聘用的抄写员巴特比的关系。梅尔维尔使用了律师本人的视角来讲述这个故事，这让我们得以窥视一个收到"不"的人的心思。

> 我想，那是他和我共事的第三天……由于手头有一件小事要抓紧完成，我突然把巴特比叫了过来。我急匆匆而自然地期望他立刻就能服从我的命令，我坐在桌边，低头看着桌子上的原件，右手横在一边，有点儿紧绷地举着复印件，这样巴特比一过来就可以立即抓起它，毫不拖延地开始工作。
>
> 当我叫他的时候，我就这样坐着，迅速地说出我想让他做什么——和我一起校对一份小文件。

整个场景都散发着对员工的不尊重——突然的召唤，对立即服从的期望，甚至一秒都没有抬起头来和巴特比说话。接下来是巴特比的"不"和老板的反应：

> 想象一下，当巴特比待在原地，用异常温和而坚定的声音

回答说"我倾向于不这么做"时,我有多么惊讶,不,我有多么惊愕。

注意"温和而坚定的声音"——中性的、实事求是的语气。这是一个带着尊敬的"不"——不是"我不",而是"我倾向于不"。这个"不"的背后是一个明确的"是",这是巴特比对自身人格尊严的坚守。老板当然大吃一惊。他接着说:

> 我静静地坐了一会儿,努力从震惊中恢复过来。我立刻想到,是我的耳朵欺骗了我,或者巴特比完全误解了我的意思。我用我能想象的最清晰的语调重复了我的请求。不过,他的回答和上一次的一样清楚:"我倾向于不这么做。"

第一阶段是否认。老板不敢相信这位员工竟然有胆量说"不",因此,他重复了他的请求,期待立即得到服从。但巴特比保持了正确的态度,只是简单地重复了一遍他的"不"。这导致老板进入下一阶段的反应——焦虑和愤怒。

> "倾向于不这么做",我重复道,激动得站了起来,迈着大步穿过房间。"你是什么意思?你疯了吗?我要你帮我校对一下这张纸——拿着!"然后我把它塞给他。

但巴特比没有反应。他保持在正轨上,简单地重复他的"不"。

"我倾向于不这么做。"他说。

在这个时刻,老板被搞糊涂了。他有两个选择:他可以变得更加愤怒,当场解雇巴特比,或者他可以接受这个"不",考虑巴特比的举动所隐含的相互尊重的提议。

> 我定定地看着他。他的脸瘦削而镇定,灰色的眼睛发出暗淡而平静的光。他的表情中没有任何激动的波纹。如果他的举止中有一点儿不安、愤怒、不耐烦或无礼,换句话说,如果他有任何平常的人性,我无疑会暴力地把他赶出房间。但实际情况是,我应该把一尊西塞罗的灰白色半身石膏像扔到门外。我站在那里盯着他看了一会儿,他继续写着自己的文件,于是我重新坐到了我的办公桌前。这太奇怪了,我想。该怎么办呢?我的业务让我很着急。我决定暂时忘掉这件事,把它留到以后空闲时再谈。于是,我从另一个房间叫来了尼普斯,他很快就校对完了这份文件。

如果巴特比做出反应,老板明确表示会当场解雇他。但巴特比正站在"楼座"上,沉着冷静,毫无反应,控制着自己的情绪,一心想要坚持他积极的"不"。甚至老板所做的那个与西塞罗半身石膏像的比较,都表明了巴特比的"不"是实事求是的,是客观现实。面对这种耐心、刻意的重复,一个傲慢的老板都感到困惑,甚至有点儿敬畏,最终接受了这个"不"。这个故事凸显了忠于一个更深层次的"是"的力量——这个"是",在这种情况下,就是忠于人类的尊严。

巴特比这个角色是复杂而充满烦恼的,但他说"不"的方法简单而令人钦佩。有意重复的技术或许可以被称为巴特比技巧。"我倾向于不这么做"是一个值得记住的锚定短语。

教育对方——让现实成为他们的老师

如果你耐心重复的"不"没有达到预期的效果,那就采取下一步行动,教育对方不尊重你的"不"的后果。我所说的教育,并不是说你是老师,对方是学生。真正的老师是形势本身。通过拒绝尊重你和你的需求,对方带来了一系列自然的后果,而这些后果本身就可能成为对方的老师。你的工作只是简单地辅助学习过程,从提出现实验证类问题开始,然后进行警告。

提出现实验证类问题

一般来说，问总比说好。人们如果自己学习，通常就会学得更好，抵触更少。因此，与其向对方阐明他们不尊重你的需求会带来什么不良后果，不如先问他们"现实验证类问题"，这会更有效。

顾名思义，现实验证类问题是让对方思考现状的潜在现实，也就是拒绝尊重你的"不"的自然后果的问题。以下是一些例子：

- "如果我们不能在这里达成协议，会发生什么？如果我们需要找老板（就这件事对簿公堂，以罢工告终，等等），我们双方需要付出哪些代价？"

- "你有没有想过，如果在这种情况下我们不同意尊重彼此的需要，这会对我们的家庭（关系、伙伴关系等）产生怎样的影响？"

让我们花一点儿时间回到"挑战者号"航天飞机的悲惨故事，以及工程师们在被问及是否认为第二天早上应该继续执行任务时对NASA说"不"的对话。当NASA官员表示惊讶和愤怒时，工程师的上级召开了一次集体会议，并向他的团队宣布："我们必须做出一个管理决策。"高级管理人员无视了工程师的建议，决定将"不"改为"是"，批准发射。工程师们能做些什么呢？

回想起来，一种可能的方法是用一个尖锐的现实验证类问题来回应他们的上级，比如："让我梳理一下您在说什么。您是否愿意承担个人责任，推翻您的工程师们的最佳判断并建议发射，尤其是在我们看来 O 形环很有可能会失效，从而导致任务失败和 7 名宇航员失去生命？"这样一个问题可能会使对方从一个不同的角度来看待"管理决策"。

现实验证类问题可以是一个强大的工具。

警告，而不要威胁

如果现实验证类问题不能说服对方，那就是时候使用警告了。你可能需要向对方详细说明你的替代方案，并解释不尊重你的需求所固有的后果。

我曾经看到一位姑妈就她 6 岁的侄女不恰当的行为给出警告。小女孩在床上跳来跳去，她的姑妈平静地说："塔妮娅，别在床上跳了。"但是塔妮娅继续跳，没有注意到姑妈的要求。过了一会儿，姑妈重复了一遍她的要求，这一次加重了语气，非常刻意但仍然平静地说："塔妮娅，我在要求你，不要再在床上跳了。"当小女孩还在继续时，她的姑妈轻轻地抓住了她的手臂，以引起她的注意，直视着她的眼睛，并举起了一根手指以示警告。塔妮娅明白了姑妈的意思，立即停了下来。她的姑妈没有大声喊叫，甚至没有提高嗓门，就做到了这一切。她耐心、坚定，抱有尊重——而且卓有成效。

对方可能一开始没有注意到你的"不",没有听到它。或者他们可能听到了却不相信。又或者他们可能相信你的"不",但没有足够认真地对待它。发出警告给对方提供了一个机会,让对方从回避和否认的阶段过渡到对你的"不"的接受阶段,而不会让任何一方付出太大的代价。

非常具体和清晰的表态是能带来帮助的。在工作环境受到性骚扰的情况下,受害者平静地对肇事者说:"我之前已经向你解释过,我认为这种谈话对我是一种冒犯,是过界的。如果我需要向人力资源经理提出正式投诉,我肯定会这么做的。"

警告和威胁不是一回事。乍一看,它们似乎是一样的,都是关于不良后果的信息,但两者之间有一个关键的区别。

威胁是在支配对方:"如果你不照我说的做,我就会让你付出代价。"威胁是关于强加的后果,重点放在权力和惩罚上。威胁往往会激起强烈的反抗。你在挑战对方的权力、权威和自主性。对方用他们武器库中的所有武器做出反应恐怕也不足为奇。

警告不是支配,而是教育。这是对内在后果的客观预测。"如果你选择不尊重我的合法利益,那我别无选择,只能用另一种方式来满足它们,而这可能不是你真正想要的。"重点不是惩罚别人,而是保护你自己和你的利益。你的语气是充满尊重的,因此不太可能引发反抗。

一位高管向一位长期强烈抗拒组织所急需的变革的工厂经理发出警告。"周三，我把他叫到我的办公室，对他说：'我知道这很难，而你不同意这些改变。但我想请你审视一下你的内心世界，告诉我这个新计划是否值得一试。不要立刻回答，我希望你在这周剩下的时间里去钓钓鱼，好好思考一下。如果答案是肯定的，那么我希望你告诉我一些你打算尝试的具体方法。否则，你就该准备好你的简历了。没什么好感到羞耻的，而且我会帮你。设想一下，如果其他所有行业都在努力摆脱长周期和库存，你的前途会是什么样的。但接下来第一天，去钓鱼就行。'于是他改变了态度，决定真正尝试一下这种灵活的方式。"

阐明合乎逻辑的后果

当后果与人们的行为之间有直接关系，且在逻辑上相关时，人们会获得最深刻的认识。因此，明智的做法是设计并框定对方将面临的后果，并让它们自然地从现状中浮现。

我认识的一个医生团体曾与一家管理式医疗公司打交道，该公司代理了他们20%的患者，却拒绝支付账单。面对巨大的权力差距，医生团体可能自然会不情愿地迎合对方，同意接受更少的收入。然而，这个医生团体受够了，他们采取了勇敢的步骤，对一个大客户说"不"。他们向该管理式医疗公司提供了证明他们的账单合理的所有详细数据，并通知对方，如果对方不支付账单，那么他们将别无选择，只能取消合同。

这个结果是当时形势合乎逻辑的延伸。在商业场景下，如果客户不付款，服务就将停止，这是合乎逻辑且合法的。医生的动机不是去惩罚，而仅仅是为了满足自己的合法利益。求助于替代方案对医生来说意味着巨大的损失，因为他们的许多病人都是这家管理式医疗公司的客户。但医生们认为，他们需要教育这家管理式医疗公司——以及与他们打交道的其他公司，合同必须被尊重。他们的风险计算成功了。面对合法的付款要求和固有后果的严重警告，这家管理式医疗公司同意支付账单。

这里的关键是找到行动的固有后果。你需要将后果与手头的问题联系起来，这样对方才能轻松地理解其中的联系。

假设你是电视制片人迪克·沃尔夫，请你设身处地地为他想一想。[4]有一天，他的两位主要演员拒绝上班，违反了他们的合同。他们要求更好的饮食和一间健身房。这里可能会有什么样的合乎逻辑的后果呢？对于沃尔夫来说，他既感受到了继续制作这部电视剧的强大压力，又对演员们的食言感到愤怒，于是他的答案很明确："我们发了一则非常简单的声明，说如果他们第二天不露面，我们就将重新选角。"违反合同、不去上班的合乎逻辑的后果是，制片人会找别人来做这项工作。在纽约的一家报纸报道了这部电视剧中的这两个角色可能不幸死于火灾的传言后，两位主演又回到了工作岗位上。

或者想象一下，你是一位家长，面对一个顽固的青少年，他一直在无视家庭作业，花大量时间与朋友在手机上聊天。什么是合乎逻辑的后果？你可能会扣掉孩子的零用钱，但更合适的后果可能是把他的手机拿走，直到这周的家庭作业完成。你选择的这个后果的目的不是惩罚你的孩子过去的行为，而是帮助他学会在未来做出更好的选择。

你的替代方案可能看起来像是强加的后果，因为你才是关键角色。但是记住你的替代方案实际是什么——如果对方拒绝尊重你的利益，它就是你最好的选择。这不是对对方的惩罚，而是你追求自己的正当需求所遵循的逻辑路径。这是通往成功的另一条道路。

让你的替代方案为它自己发声。通过你平静的语气和自信，让对方知道你对执行替代方案是认真的，并伴随着相应的合乎逻辑的后果。

部署你的替代方案

如果对方在你做出警告之后仍然不尊重你的需求，那就到了启用替代方案的时候。现在不是动摇的时候。你已经把这件事想透了，你的警告不是虚张声势。发出警告，然后不执行，只会损害你现在和未来的可信度。执行你的替代方案——迅速且不能失败。"不，"你对恳求和朋友出去玩的孩子说，"不管你要求多少次，现在你都不能和阿瑟一起玩了。当你们昨天都选择欺负萨莉的时候，你们已经做出了决定。你的行为产生了不会改变的后果。"

撤回你的合作

正如甘地认识到并证明的那样，也许我们在人际关系世界中拥有的主要积极力量是：如果对方拒绝尊重我们的合法利益，我们就能取消合作。

古希腊作家阿里斯托芬曾以喜剧的形式呈现了一则著名的希腊神话，是关于吕西斯特拉忒的故事。[5] 雅典和斯巴达的女人厌倦了男人不断的战争以及由此带来的死亡和痛苦，于是决定停止房事，直到男人停止战斗。不管男人们怎么恳求，女人们都拒绝和他们上床。最终，面对持续不断的"不"，男性屈服于女性的和平立场，放弃了权力斗争和暴力。这样一来，女性成功地对性说"不"，以此对和平说"是"。结果是所有人的生活都变得更好了。

在工作环境中，参考一个员工被她的老板——一位大学教授霸凌的故事。这位教授描述了她的反应及其对他的影响。

"我必须承认，由于我在我的领域里得到了认可，在压力和公众的关注下,我已经成为一个欺凌同事的人。毕竟,我在做如此重要的工作!有一天,我的首席助手说,'这份工作不再带来任何乐趣了,我想做点儿别的',然后离开了。起初,我不敢相信她会在我们的各种截止日期即将来临时抛弃我。但她很坚定:她明白截止日期的重要性,但她不愿意以目前的方式继续在我们团队中工作。然后我想,如果她愿意和我共进午餐,我或许可以说服她回来。她来见我,甚至同意考虑我的要求,但在现有条件下,她仍然不会回来,尽管她对我们的工作有信心。最后,我不得不审视自己。渐渐地,我开始重新考虑我的视角,并面对在没有她的帮助下处理我的项目的局面。然后,令人惊讶的是,大约一个月后,她还是回来了,因为她想参与我们正在做的事情——只要我在这个过程中不给她的生活带来痛苦。我从这次互动中学到了重要的一课!"

这位教授经历了所有的阶段——回避、否认("我不敢相信她会抛弃我")、焦虑、愤怒、讨价还价("我想我可以说服她回来"),以及悲伤,直到他最终进入接受的状态。这位助理离开了工作,撤回了她的合作,直到老板醒悟,接受了她对霸凌的"不"(这实际上是她对尊重的"是")。

撤回你的合作是教育对方并带来更健康关系的有力方式。如果你真的走出去了,记住你可以在这样做之后让门保持开着的状态。就像这位助理的情况一样,如果对方改变了想法,你也可以对达成共识保持开放的态度。

权力越大，尊重越大

即使你真的诉诸你的替代方案，最好也要有节制地去做。权力很容易被滥用。行使权力往往伴随着一种复仇的精神、对对方苦难的漠不关心，以及极大的不尊重。如果你最终想要得到对方的"是"，你对权力的使用也需要用尊重来缓和。你行使的权力越大，你就越需要表达尊重。

带着尊重甚至遗憾的心情执行你的替代方案。比起用愤怒来惩罚你的孩子，用悲伤来阐明后果更明智。"很抱歉，你这周不能带手机了。当你每晚都能完成作业时，你就能拿回手机。"

不要把尊重和软弱混为一谈。如果你必须强制实施一个后果，比如对你的孩子，你可能会感到强烈的诱惑，想要在后果产生之前退让，但这有可能损害你未来的可信度。重要的是要始终如一地执行后果。

而既然权力的行使很容易使你的人际关系变得紧张，你就要有节制地使用它，以积极的方式使用它。

看看1974年圣安东尼奥市一个贫困社区所面临的挑战。[6]该社区的街道和排污系统状况很糟糕，联邦和州的资金可以用来改善它们，但由商业利益主导的市议会拒绝授权进行必要的维修，希望把钱花在其他地方。这个社区的人可能会选择使用消极的力量说"不"，使他们的困境极端化。他们可能会以暴乱作为回应，就像以往人们的沮丧情绪蔓延时发生的那样，但代价将是巨大的痛苦和财产损失。每个人都会受苦，穷人将承受得尤其多。

相反的是，社区选择以积极的力量做出回应，成立了一个名为COPS（公共服务社区，全称为Communities Organized for Public Service）的联盟。当市议会继续无视他们反复的要求时，COPS诉诸他们的替代方案。数百名COPS活动人士在市中心的一家大银行排队，每个人都要求将数百美元的钞票兑换成硬币。然后他们再次排队，把硬币换回钞票。与此同时，数十名其他活动人士前往当地的一家百货商店，试穿衣服，但没有买任何东西。这些创造性的非暴力行动使市中心的大部分商业活动陷入停顿。在经济利益面临风险的情况下，商界领袖向市议会提出了立即采取行动的必要性，后者保证不再回避或否认。

市议会和商界认识到，他们不能简单地满足市中心富人的需求，而忽视贫困社区的需求。市议会官员会见了COPS的领导者，划拨了承诺的资金，用于改善贫困社区的基础设施。COPS通过使用强大和充满尊重的积极力量来唤醒对方的理智，从而实现了自己的目标。

以坚持不懈应对阻力

总结而言,你的积极的"不"画出了一条新的界线,为对方创造了一个需要尊重的新现实。起初,他们可能很难接受这个新的现实,会忽视你的"不"或试图迫使你屈服。虽然你可能会想屈服或反击,但这样的反应行为只会转移对方的注意力,使其不再关注新的现实。

另一种选择就是以坚持不懈应对对方的阻力。用积极的力量强调你的"不"。把你的任务看作用你的力量帮助对方理解和接受新的现实。让现实而不是你成为他们的老师。让对方经历接受的自然循环,只有在有必要将新的现实保持在焦点上的时候才进行调解。

一旦对方接受了你的"不",那就是谈判并达成协议、建立更健康的关系的时候了。这是积极说"不"这个方法的下一步也是最后一步的主题。

第九章
协商达成"是"

> 观其果,知其树。
> ——古谚语

现在我们到了积极说"不"这个过程的最后一步。是时候收获你的劳动果实了。因为目标不仅是说"不",实际上,它是说"不",同时仍然达成"是"。达成"是"的谈判是说"不"过程中的最后一个挑战。

有记录的最早的谈判之一可以在《圣经·创世记》中被找到,它描述了先知亚伯拉罕与上帝的大胆谈判。当上帝向亚伯拉罕透露他要摧毁所多玛和蛾摩拉这两座城市以惩罚当地居民之罪的计划时,亚伯拉罕敢于对上帝的计划说"不"——以积极的方式。"你会把无辜的人和有罪的人一起赶出门吗?"他问。在他的"不"的背后,亚伯拉罕实际上在对人类生命的价值说

"是！"。亚伯拉罕紧接着他的"不"提出了一个建议——一个"是？"。"如果我能找到50个好人，你还会毁掉这些城市吗？"他问。上帝同意了亚伯拉罕的提议。亚伯拉罕继续说："45个怎么样？"上帝又一次同意了。"40个？30个？20个可以吗？"最终，亚伯拉罕将这个数字协商到了10。尽管很遗憾，他最终仍然未能拯救这些城市，但这条经验依然值得学习。有了一个积极的"不"，就有可能在不破坏一段至关重要的关系的情况下站出来支持正确的事情。即使对最强大的人说"不"，也仍有可能得到"是"。

目标：一个积极的结果

你的目标是一个积极的结果，一个保护你的核心利益的结果。积极的结果可能有几种形式。一种是满足你和对方的利益的协议。协议可能是明确的，也可能是不明确的，重要的是对方真诚地接受你的"不"。结果也可能是一段积极的关系——一种健康、真实的关系，它能让你忠于自己，也能让对方忠于他们自己。或者，有时它可能会以友好结束关系的形式呈现。

在我的个人生活中，当我的第一任妻子和我决定离婚时，我获得了巨大的人生教训。即使没有孩子，对我们的婚姻说"不"也是一个令人心碎的过程。但随着时间的推移，我们都意识到，结果是积极的。许多年后的今天，我们双方都幸福地与其他人结婚，并都有了孩子。我们保留了我们原有纽带的精髓——牢固的友谊，现在我们的孩子也成了好朋友。由于每个人的慷慨精神，以及在所有四位配偶（无论是现任还是前任）之间建立关系所做的细致努力，我们的家人很亲密，有时还会一起庆祝节日，这对我们所有人来说都是快乐的源泉。在我多年来参与的所有微妙谈判中，没有一次能比这段关系给我带来更大的个人满足感。对我来说，这是一个生动的例证，说明了一个人如何在说"不"的同时仍然达成了"是"。说"不"实际上可以拉近你和对方的距离，当然也会让你进入一段更真实的关系。

我看到过类似的过程发生在组织之间。我想起了我在哈佛举办的谈判研讨会的一位参与者，她叫凯瑟琳·泰勒。她是一家大型科技公司的法律总顾问，该公司正在起诉它的大客户——一家大型计算机制造商，称其侵犯知识产权。泰勒是一名诉讼律师，在之前的职业生涯中曾担任公诉人。她更有信心使用她的替代方案——诉诸法庭，而不是谈判。但是，正如她后来告诉我的那样，在谈判研讨会上，立场和利益的区别给她留下了深刻的印象，她决定给谈判一个机会。因此，在案件开庭审理之前两个小时，泰勒打电话给客户的法律总顾问芭芭拉·史密斯,建议他们将开庭日期推迟一周,先尝试谈判。

第二天,这两位律师通了电话。泰勒告诉史密斯:"我理解您的法律立场,但我不确定我是否理解您的利益诉求。"然后史密斯告诉泰勒,她的首席执行官不仅担心被提议的财务和解的规模,还担心诉讼对股价的影响。首席执行官将如何向股东解释这一点?泰勒只是听着,并记着笔记。然后她说:"谢谢,这有助于我更好地理解您的担忧。我明天再打给您,向您解释我们的利益诉求,好吗?"史密斯同意了。

第二天,泰勒解释了她公司的利益诉求,史密斯听进去了。作为供应商,泰勒所在的科技公司不仅想要公平的薪酬,还想与客户保持一种有利可图的关系。在接下来的几天里,两位律师继续通电话,到周末,令所有参与者都感到惊讶的是,双方能够就有史以来最大的知识产权纠纷和解之一达成协议,估计金额为4亿美元。这份协议的要点包括两家公司措辞谨慎的联合声明,客户的首席执行官可以用它来向股东解释和解详情,从而控制对股价的影响。这份协议还包括将与供应商的供应合同从3年延长到10年。他们的关系得以保留。泰勒没有使用昂贵和不确定的替代方案,也就是法庭审判,而是能够通过谈判达成一个解决方案,既满足了她公司的基本利益,也满足了一个关键客户的基本利益。因此,她能够对侵犯知识产权的行为说"不",但仍然达成一个非常重要的"是"。

我发现，即使在暴力和流血的局势中，这种积极的结果也是可能的。以在前面章节中描述的纽约市人质事件为例。最后，劫持者释放了人质，并和平投降。人质谈判代表坚持不懈地拒绝了劫持者的要求和要杀死人质的威胁，但最终还是得到了"是"的回应。在美国城市里经常发生的人质劫持事件中，这种结果并不少见——事实上，这是常态。在规模更大、更暴力的情境中，想想被内战撕裂的南非的例子：在那里，纳尔逊·曼德拉和他在非洲人国民大会的同僚成功地对残酷的种族隔离制度说了"不"，同时仍然得到了白人民族主义反对者的"是"。

在这些情况下，结果不仅是一项协议，还是一种更健康、更真实的关系。在本章中，我们将探索取得这些积极成果的过程。

为对方构建一座金色之桥

2 500 年前，中国战略家孙子曾劝告领袖："归师勿遏，围师必阙，穷寇勿迫。"尽管他的建议现在仍然适用，但我会更积极地重新构建它：为对方构建一座金色之桥，让对方可以向前迈进——朝着积极的解决方案前进。

如果你设身处地为对方着想，你就会发现他们要对你的提议说"是"多么艰难。一道巨大的峡谷可能会把他们想要的和你想要的分开。这道峡谷可能充满他们对利益的焦虑和担忧，以及对丢面子的担忧。如果你想让他们说"是"，你的任务就是为他们建造一座横跨峡谷的金色之桥。

有三个主要障碍会阻碍对方对你的提议说"是"。首先，他们可能有一些未被满足的需求或担忧。其次，即使他们个人可能愿意达成协议，他们也可能担心关键委托方或利益相关者的意见，他们需要或希望得到他们的许可。最后，即使他们真的答应了你的提议，这可能也不是一个可以长期存续的"是"，因为说"不"的过程可能会让你们的关系变得非常紧张，除非你能帮助修复它，否则它就会受到不可挽回的损害。

把达成这个"是"的最后阶段看作一次旅行。一路走来，你需要让对方说三个"是"：对明智的协议说"是"，对许可说"是"，对健康的关系说"是"。

协议→许可→关系

让我们来探索一下如何达成这三个"是"。

促成明智的协议

你的第一个挑战是促成一份不仅涉及你的利益，也涉及对方的利益的协议。

不对基本需求妥协

谈判不只关乎达成"是"，也关乎明智地达成"是"。只有对其他不符合你利益的可能协议说"不"，你才能达成令人满意的协议。

在谈判过程中，人们有时很容易满足于短期收益，并在长期优先事项上让步。有效的谈判需要始终如一地关注最重要的事情。一旦你参与了谈判，你就可能会在与对方达成一致时开始发展出一种既得利益，即使这对你来说没有意义。无论对方是你的配偶还是你的老板，与对方的关系可能都是至关重要的。所以退后一步，"去楼座"。聚焦于你潜在的"是"——最初促使你说"不"的利益、需求和价值观。记住，你有一个替代方案。不要低估自己，接受一份比替代方案更不能满足你需求的协议。

简而言之，把你的目光放在重要之事——一个能满足你的根本利益的解决方案上。你要做的是尊重对方，而不是拯救对方。

解决未被满足的利益问题

如果对方拒绝了你的提议,你需要找出原因。你的提议有哪些不符合他们利益的地方?换句话说,问对方:"让我了解您的顾虑。这个提议在哪些方面不能满足您的需要?"

看看一个现实生活中的商业收购谈判案例。潜在买家是一家全球跨国消费品公司;卖家——我称他为汤姆——是一家成功的食品公司的大股东。这家公司以其环境友好的价值观为豪。经过长时间的谈判,双方陷入僵局。问题在于价格。汤姆的要价比买主准备支付的高整整10%,而且他丝毫没有让步的打算。换句话说,双方都在对对方的提议说"不"。

这笔交易看起来似乎要失败了。然后消费品公司的副总裁——我叫他杰克——把汤姆的一个代表叫到一边说:"我不明白。我们已经做了所有应做的调查,公司的市值非常清楚。我们准备出最高价,但没有任何数字能证明汤姆的要求是合理的。我是遗漏了什么吗,还是有别的阻碍?汤姆需要什么?"汤姆的代表犹豫了一下,然后解释说,汤姆正在努力思考,在卖掉自己白手起家创建的公司后,他未来该做些什么。他想致力于保护环境,并考虑建立一个基金会。他需要额外的资金——那10%的溢价——来创建基金会。

副总裁杰克回去想了想这个问题。结果他发现,他在世界各地都有农场和种植园的公司正在计划创建一个全球环境委员会,其主要工作是让他们的产品更环保,并向世界各地的环境项目捐款。这个委员会将获得比汤姆的基金会所能获得的多得多的资源。杰克找到汤姆,邀请他担任这个新的环境委员会的主席。当晚,这笔交易就以市场价被签署了。

杰克发现了汤姆未被满足的关键利益,并找到了一种在不损害其组织自身关键利益的情况下满足对方利益的方法。杰克给汤姆搭了一座金色之桥,帮助他说了"是"。

一份明智的协议既能满足你的基本需求,又能满足对方的需求。你能把一种起初似乎是非此即彼的局面(要么你赢,要么他们赢)变成两全其美的结果(最终双方都受益)。

虽然双赢的结果很好,但这并不总是可能的。考虑到你要求对方做的事情,他们可能不会认为这是他们的胜利。关键是让他们不要把它视为一种损失,而是视为一种他们可以持续接受的协议。这得是一个考虑到他们的最基本需求的结果,而且肯定比他们的替代方案更能满足他们的利益。

媒体巨头维亚康姆的首席执行官、亿万富翁萨姆纳·雷石东曾表示:"我一直认为,如果交易对双方都有利,那么交易就是好事。如果另一个家伙以失败者的身份离开,这笔交易就忽略了一个事实,那就是交易过后我们还要继续生活,我们也可能需要再次合作。"[1]

帮助对方赢得许可

达成协议是好事,但这不是谈判进程的结束。无论是正式的还是非正式的,从对方的汇报对象或关心对方的人那里赢得许可的过程仍然存在。这些人可能是他们的老板、他们的同事、董事会、他们的家人,甚至是第二天他们照镜子时镜子里的那个人。世界上充斥着从未被对方的关键关系群体接受,因此从未被执行的协议。在帮助对方说"是"的过程中,重要的是不要忘记,如果协议要维持,另一方还有谁必须说"是"。

作为一名调解人,我在早期的工作中以相当艰难的方式认识到了这一点。我和我的同事史蒂夫·戈德堡曾被要求在肯塔基州一座煤矿的一场激烈冲突中担任第三方。当时局势很紧张。矿工们违反了工会合同,举行了大规模罢工。管理层的回应是解雇了1/3的员工。矿工们继续罢工。当地法官判处工人被关押一晚。于是矿工们带着枪去上班,还出现了炸弹威胁。

当史蒂夫和我到达现场时,我们甚至无法说服工会领导人和当地管理层坐在一起谈判。因此,我们在双方之间来回穿梭了6个星期,听取并提出了建议。最终,各方决定坐在一起谈判,并且达成了协议。双方既惊讶又高兴,就好像他们已经签署了和平协议。

只是还有一个小细节需要完成:协议需要得到矿工的批准。

投票是在一周后进行的，矿工的意见几乎是一致的——反对该协议。尽管这份协议对矿工来说是对现有合同的明显改善，但矿工们仍然出于对管理层意图的不信任而选择拒绝。如果管理层支持这份协议，矿工们就认为协议肯定有问题，问题就隐藏在合同文案的措辞中。投反对票似乎更安全、更令人满意。

史蒂夫和我不得不重新开始这一过程，这一次的重点是赢得矿工们对协议的信心和支持。接下来我在矿井里待了三个月，大部分时间都在地下，几乎与所有矿工都见了面。我听了很多意见，做了一些调解，并大致帮助双方在没有批准协议的情况下非正式地执行了协议条款。双方关系慢慢改善，在接下来的12个月里，没有发生一起失控罢工事件。

这对我来说是一条很好的经验。赢得必须批准协议的对方的信任并不应当只是事后的想法。这是这一进程的核心部分，与达成协议的进程一样值得关注。

使用"接受演讲测试"

史蒂夫和我帮助促成的工会和管理层之间最初的协议没有通过一项关键测试：接受演讲测试。如果你难以说服对方接受你的提议，试着用这项测试测一下。假设对方暂时同意了你的提议，现在需要向他们的委托方提交草拟的协议。想象一下，对方发表了简短的演讲，向他们的委托方解释为什么这是一份好的协议，为什么他们应该支持它。把那篇演讲的提纲写出来。促使他们接受你的建议的最有说服力的理由会是什么？简单写下演讲要点。

现在想象对方正在宣读你写的演讲稿，想一想可能会出现在他们面前的棘手问题：

- "你为什么要放弃呢？"
- "你放弃了什么？"
- "你真的需要做出这样的让步吗？"
- "那我们的需求呢——你忘了我们吗？"
- "为什么没有征求我们的意见？"

诸如此类。

想象一下，要发表演讲并面对一连串的批判性问题多么困难。没有人喜欢听到他们做出了让步或无计可施了，特别是从那些他们高度重视的人那里。

这就是"接受演讲测试"。如果你不能想象对方以一种有说服力的方式发表接受演讲，那么你就该知道你还有工作要做。如果对方看不到自己如何站出来面对可能受到的批评，那么他们就不太可能同意你的提议。即使他们这样做了，面对委托方的抵制，他们也可能无法执行这份协议。在这种情况下，你可能需要修改你的提议，使其更有说服力——当然，不要在你的基本需求上妥协。预见对方可能收到的批评，并思考他们能给出的最好回应。把你的工作看作为别人准备你希望他们发表的获奖感言。

在对你的提议进行接受演讲测试时，你可能会发现使用下面的表格会很有帮助。确定对方的委托方。简单写下演讲要点，指出你的提议是如何解决他们的关键问题的。列出他们最有可能收到的批评，以及他们可能给出的最好回应。

表1　接受演讲的提纲

他们的委托方（例如他们的老板、家庭、工会成员、投票者等）	
他们的接受演讲的核心主题 1. 2. 3. 4.	
他们最有可能面对的批评 1. 2. 3.	他们对批评能给出的最好回应 1. 2. 3.

把你的工作看作帮助对方发表接受演讲。找到一种既不矫揉造作又不居高临下的方式，用他们能用来说服委托方接受协议的最佳论据来武装他们。虽然你可能认为这是别人的工作，但如果你想达成一份会被实际执行的协议，那么这也是你的工作。

正如前面有一章所描述的，我曾经在一支游击队的高级政治和军事指挥部待了几天，这支游击队一直在打仗，希望将他们的地区从所在的国家中独立出来。我要求这些领袖通过接受演讲测试来表达他们的独立诉求。

"想象一下,这个国家的总统同意了你的要求,明天在全国电视上宣布他已经授予你的地区独立权。他的选民会做何反应?"

"他会有大麻烦,但那是他的问题。"军事总司令回答说。

"事实上,如果你想让他发表那场演讲,那就也是你的问题。你能做些什么让他可以更容易地发表这场演讲?"我问道。

考虑到总统面对的政治限制,游击队领袖重新考虑了他们当前的要求,转而专注于要求初步停火,政府随后接受了这一要求。

帮助他们保全面子

如果对方接受你的"不",他们可能会在他们在意的人面前丢面子。面子通常被认为仅仅是自尊,但它代表的意义大得多。面子是一个人的荣誉感、尊严和自尊感。我见过很多谈判失败,原因很简单,那就是对方的脸面没有得到足够的保护。因此,你的工作尽管看起来可能很奇怪,却是要帮助对方在他们的委托方眼里看起来足够体面,这样对方就能接受你的提议。

听听前文提到的职业人质谈判专家多米尼克·米西诺关于保全面子的建议。[2] 他说:"作为一名谈判者,你将要学到的一件非常重要的事情是,如果你想赢,你就必须帮助对方保全面子……在我谈判生涯的早期,当我被叫去处理西班牙哈莱姆区的一个情况时，我学到了这一点。那是一个炎热的夏夜，凌晨3点的街头有三四百人。一名年轻男子拿着一把上了膛的猎枪，把自己锁在了一栋拥挤的公寓楼里。他告诉我他想投降，但他不能，因为这会让他看起来很软弱。这个人违反了假释，但不是杀人犯，所以我告诉他，如果他冷静下来，让我给他戴上手铐，我会表现得看起来像是我不得不使用武力。他放下枪，表现得像一个完美的绅士，直到我们走到街上，他开始疯狂地叫喊，仿佛要掀翻地狱——就像我们约定的那样。当他这样做的时候，人群在高呼：'何塞！何塞！'在热烈的呼声中，我们把他扔进车后座，踩下油门，飞驰而去。驶过两个街区后，何塞坐起来，咧嘴大笑，对我说：'嘿，伙计，谢谢你。我真的很感激。'他意识到我给了他一条不涉及杀人和反过来被杀的出路。我一直记得这段经历。"

培养健康的人际关系

说"不"之后，关系双方经常会有逐渐疏远的倾向，但实际上我们通常希望出现相反的情况。积极说"不"能让你与对方建立更亲密、更真实的关系——如果这正是你的需求。

毕竟，无论是你与配偶或前任配偶的关系、与孩子或年迈的父母的关系，还是与老板或客户的关系，都可能对你意义重大。如果对方只是顺从了你的要求，但后来你们的关系受损，你会认为这虽然是短期的胜利，却是长期的损失。理想情况下，你希望这种关系得到加强，而不是变得紧张。

请记住，即使你可能不愿意这样做，你将来也可能会和对方有其他很多互动。说"不"可能只是一长串"不"中的一环。挑战其实是如何在你们未来继续存在分歧的同时保持友好的关系。

即使你不打算与对方保持紧密的关系，也要考虑到，如果没有一段至少在短期内互利的关系，那么要执行你们所达成的协议恐怕会很困难。怎样才能确保其他人尊重你的需求并持续尊重它们？你将如何处理协议执行过程中出现的任何分歧？互利的关系是执行的关键。

向对方伸出手

正如先前章节提到的西班牙银行家邀请客户到自家庄园吃一顿非常特别的午餐，以便告诉他自己的银行无法在这笔特别的交易上帮助他一样，当你说"不"时，你需要更多地关注这种关系，而绝非更少关注。你需要向对方伸出手。

在个人层面，这正是我在面对第一段婚姻结束时学到的人生经验。当我和第一任妻子对我们的婚姻说"不"的时候，我们非常小心地对我们未来的友谊说"是"。在开始解决财产分割这一微妙问题之前，我们同意了一套程序原则，强调我们共同致力于保持我们牢固而持久的友谊。这些原则帮助我们克服分歧，就双方满意的解决方案达成一致。在整个过程中，我们一直保持着密切的个人联系，寻找切实可行的方法来帮助和支持彼此进行过渡，无论是在建立新家还是在父母去世的时候。虽然这并不总是那么容易，但最终结果的价值比我们每个人在培养这种关系上投入的精力都更大。

当你仍然深陷水深火热的冲突之中时，向对方伸出手并不总是那么容易，但这样的举动可以为你带来巨大的红利。在回忆录中，纳尔逊·曼德拉回忆起他在南非第一次民主选举之前与德克勒克总统的第一次电视辩论："当辩论接近尾声时，我觉得我对这个将成为我在民族团结政府中的合作伙伴的人太苛刻了。"因此，在总结时，曼德拉主动靠近他的对手，对着镜头直截了当地说："德克勒克先生和我之间的交流不应该掩盖一个重要的事实。我认为我们是全世界来自不同种族的人的光辉榜样，所有人对自己共同的国家有着共同的忠诚和共同的热爱……尽管我会批评德克勒克先生"——曼德拉转身直视德克勒克——"先生，您仍是我信赖的人之一。我们将共同面对这个国家的问题。"曼德拉随后伸出手来握住德克勒克的手，说："我很自豪能牵着您的手一起继续前进。"[3]

曼德拉毫不畏缩地与德克勒克展开激烈的辩论，但他也没有忘记他个人与德克勒克，以及南非所有黑人与白人之间的关系所处的更大的背景。曼德拉不是简单地向德克勒克做了一个空洞的姿态。他正在为他的数百万支持者树立榜样，告诉他们跨越鸿沟、牵起政敌的手"前进"的重要性。尽管他们的个人关系难以建立，但曼德拉还是邀请德克勒克担任副总统，而德克勒克则为了在这个政治和社会产生巨大变革的时期维护和平而接受了这一邀请。这对两人来说都是一个勇敢的充满政治家风度的行为，为成功实现微妙的权力交接做出了巨大贡献。

重建信心

如果你们的关系在说"不"的过程中变得紧张或受损，想想你能做些什么来修复这段关系。愈合的过程有助于让受伤的关系恢复如初。据说骨头一旦折断，愈合后就会长得更坚固。这就是我们要努力实现的可能性。

真诚地认可、道歉或表达遗憾会有很大帮助。我的同事乔希·韦斯举了一个例子："由于过去的接触，我之前工作的公司与一个美洲原住民部落的关系很不融洽。他们认为合作符合双方的利益。但公司提出了一个他们认为非常慷慨的建议，部落立即否决了它，没有任何解释。不用说，公司里的人都很困惑。我们在培训课程上探讨了这一点，我询问了他们过去的关系。一名公司高层人员解释说，部落感觉受到了不公待遇。我问该公司是否以任何措辞提到过——即便只是简单地承认——该公司为过去的关系感到遗憾。他们说没有，但会试着使用这样的言辞，看看会发生什么。一个月后，他们向我报告说，由于采用了新的说法，协议已被接受。请注意，他们甚至没有道歉，只是承认他们对过去的关系中存在的困难感到遗憾。"

为你的善意账户充值

如果说"不"已经耗尽了你在对方"银行"中的善意储蓄，那就是时候补充一下了。

在一个忙碌的世界里，把关系视为理所当然的，把它们纯粹当作满足需求的工具，是很常见的。有问题的客户或同事只会在我们遇到希望他们帮助解决的问题时才会收到我们的联系。我们唯一对他们友好的时候就是我们需要他们的时候。这显然是制造麻烦的配方。

在说"不"之后，立即寻找机会来滋养这段关系。如果你让你的孩子周末足不出户，补上逾期的作业，那就考虑在作业完成后带他出去，和家人一起庆祝一下。想方设法让他理解你，并提醒他，纪律并不是对他个人的否定。如果你和你的客户或同事的关系有问题，邀请她出去吃午饭或参加你知道她喜欢的活动。这次不要谈工作，给她一个惊喜。不要只在一锤子买卖的基础上做这件事。建立定期沟通机制：会议、午餐和聚会。

如果你不得不不断地对一位同事的请求说"不",那就寻找一个机会,在你可以帮助他的时候主动提供帮助,而不要等对方提出要求。或者听从本·富兰克林的建议:"当我想赢得对手的支持时,我会特意请求他们帮我一个忙——让他们帮我一个忙,然后想方设法报答他们的恩惠。"[4] 例如,富兰克林曾经要求一位政治对手借给他一本罕见的书。归还这本书时,富兰克林满怀感激之情。当他们再次在立法机构会面时,对手第一次"非常有礼貌地"与富兰克林交谈,两人最终成了好朋友。

以一个积极的基调结束[5]

正如因为第一印象很重要,所以从一个积极的基调开始很重要,以一个积极的基调结束也很重要,因为最后的印象同样很重要。一个积极的基调可能只是用一两句话来重申你们的关系:"玛莎,我知道处理这个问题对我们任何一个人来说都不容易。我只想感谢您在这种情况下为尊重我的需求所做的努力。我期待着在这个问题及其他许多问题上继续与您合作。"

换句话说,认可困难的事实,感谢对方,专注于积极的未来。不需要甜言蜜语——一句实事求是的认可和一句简单的"谢谢你"就行了。如果对方感觉良好,他们更有可能执行协议。

以一个积极的基调结束对你来说代价很小,但能给你带来很大的好处。用莎士比亚的话说,"做事的时候要像法庭上的对手一样努力斗争,但吃喝的时候要像朋友一样"。

在为民权做了漫长的政治斗争之后,圣雄甘地向顽强的对手、南非总理简·斯马茨送去了一双他在监狱里做的凉鞋——是斯马茨让他入的狱——以示尊重。每年夏天,斯马茨都会自豪地穿上它们。在甘地70岁生日之际,斯马茨把凉鞋还给了甘地,并附上了一张纸条,上面写着:"我觉得我不配穿着这么伟大的人做的鞋子(意指不配与这么伟大的人比肩而立)。"通过说"不",甘地不仅与一个顽固的政治敌人达成了"是",还把这个敌人变成了自己的朋友和崇拜者。

说"不"……但仍然达成"是"

这个过程的最后一步——协商来达成"是"——会带你达成"是"。你从对你的核心利益说"是"开始了旅程,现在你结束了旅程,帮助对方对符合这些利益的结果说"是"。关键在于你要搭建一座金色之桥,让对方更容易对协议说"是",对更健康的关系说"是"。

结语
"是"与"不"的结合

《来自一棵树的忠告》

昂首挺胸,骄傲自豪,

将你的根深深扎进大地,

反射更伟大源头的光芒,

着眼长远,

出去冒险吧……

要灵活,

也要记住你的根。

尽情欣赏风景吧![1]

——伊兰·沙米尔

我们现在已经完成了积极说"不"的过程。我们已经一步一步地讨论了如何准备、说出和贯彻我们的"是!不。是?"。作为最后的回顾，让我们以一个极具挑战性的情况为例，看看所有的步骤如何共同努力，产生一个强有力的、富有成效的、积极的"不"。

总部位于佛罗里达州的小公司思杰系统是网络软件领域的先锋，它发现自己陷入了一个尴尬的境地，不得不对一个更强大的合作伙伴说"不"——对方不只是一个合作伙伴，而且是世界上最强大的软件公司。微软当时是思杰系统的合作伙伴，还拥有它 6% 的股权。[2] 1997 年 2 月的一天，微软宣布打算与思杰系统展开直接竞争，制造自己版本的网络软件。当消息被公之于众时，思杰系统的股价在一天内暴跌了 62%，它的生存似乎面临着非常大的不确定性。一家小公司怎么可能与微软竞争呢？员工惊慌失措，担心自己的工作和股票期权；客户担心谁来维护他们的软件；投资者抛售了他们的股票。

但是，思杰系统的董事长和首席执行官没有像其他人一样惊慌失措，而是"去楼座"并做好了准备。他们从发现自己的"是"开始，那就是继续做生意，研发网络软件，这是他们的专长和激情所在。他们最偏好的选择是继续与微软合作。因此，他们决定寻求推翻微软的决定——换句话说，对微软说"不"。

作为第二步，思杰系统试图为他们的"不"赋能。考虑到他们无法说服微软改变主意的可能性很大，他们仔细考虑了替代方案——与微软正面交锋。为了加强他们的替代方案，从而增强他们的力量，他们决定使用公司拥有的 1.75 亿美元现金储备。然后，这位首席执行官周游全国，与主要客户会面，向他们保证，公司将为他们的软件提供服务。他们的客户没有一个选择离开。

与此同时，这位董事长寻求与微软直接接触。他该怎么尊重他通向"是"的道路呢？知道微软重视技术专长，于是他组建了一个由公司最优秀的技术头脑组成的团队，与他们一起横跨整个国家飞往微软总部。他在那里租了4套公寓，租期为一年，并向微软宣布，在找到解决导致微软放弃与他们的合作伙伴关系的问题的办法之前，他们会一直住在那里。这是一个强烈的尊重信号。

经过充分的准备，思杰系统准备好说出一个积极的"不"。他们的积极的"不"的要素是明确的。他们表达了对继续业务往来的"是"，说出了对微软放弃与思杰系统合作这一决定的"不"，并对一份双方都满意的协议提出了"是"，该协议将允许思杰系统和微软继续合作开发市场上最好的网络软件。

在表达了积极的"不"之后，思杰系统不得不将其贯彻始终。"我想他们不确定该怎么看我们，"思杰系统的一位谈判代表说，"因为我们不会让步，也不会离开。"他们忠于他们的"是"，并非常认真地聆听他们的合作伙伴的意见。然后，他们开始强调他们的"不"，向微软提出了一个现实验证类问题，询问对方是否真的想过开发一款新的竞争软件需要多长时间——几个月，甚至几年。

在整个过程中，思杰系统一直在努力争取通过谈判达成"是"。由于微软的主要兴趣是掌控一种新的重要类型的软件的发展，因此思杰系统面临的挑战是如何在保持作为独立公司的同时，给予微软所需的掌控力。敏锐地聆听微软未被满足的需求，思杰系统团队致力于构建一个有吸引力的解决方案，以实现双方的互利共赢。他们还试图让微软在不显得愚蠢的情况下尽可能容易地改变决定。事实上，通过达成协议，微软将能够提高其作为一个值得信赖的合作伙伴的声誉。

最终，尽管困难重重，思杰系统还是成功了。经过10周的紧张谈判，微软决定不再竞争，而是与思杰系统合作。在联合新闻发布会上，两家公司宣布他们的协议是双赢的。这正是你希望对方在解释为什么接受你的提议时发表的接受演讲。

在之后的10年里，思杰系统和微软继续作为亲密的合作伙伴保持合作。正如本例所示，即使在对方比你强大得多的情况下，你也有可能在说"不"之后仍达成"是"。秘诀在于积极说"不"。

"是"与"不"的结合

积极的"不"代表着语言中最基本的两个词的结合："是"和"不"。

当今最大的问题是，我们已经把我们的"是"和"不"分开了。没有"不"的"是"是绥靖主义，然而没有"是"的"不"是战争。没有"不"的"是"会破坏你自己的满足感，然而没有"是"的"不"会破坏你与对方的关系。我们需要"是"和"不"二者的结合。"是"是集体的关键词，而"不"则是个体性的关键词。"是"是连接的关键词，而"不"则是保护的关键词。"是"是和平的关键词，而"不"是正义的关键词。

伟大的艺术就是学会把两者结合起来——把"是"和"不"融合。这就是在不破坏有价值的协议和宝贵关系的情况下维护你自己和你的需求的秘诀。

这就是一个积极的"不"所寻求实现的目标。

践行积极的"不"

当我在一家山中客栈的房间里写下这些话时，我的目光落在了一块简单的禁止吸烟的牌子上，它的措辞如下：

> 为了满足我们所有客人的需求，这是一间无烟客房。

请您前往我们的吸烟室，也就是非常棒的室外空间吸烟！谢谢！

这个"不"包含了积极的"不"的所有三个基本部分。它肯定了客栈老板潜在的"是！"（"满足我们所有客人的需求"），在一句实事求是的事实陈述中阐明了"不"（"这是一间无烟客房"），然后立刻引出了一个具体和建设性的"是？"（"请您前往我们的吸烟室，也就是非常棒的室外空间吸烟"），最后用一个简单而充满尊重的姿态结束（"谢谢"）。

正如客栈老板出于本能所知的那样，我们每个人可能都已经知晓一个积极的"不"的基本要素。这是常识——也可能是不同寻常的常识，因为我们有太多的"不"都没有遵循这个简单的模式。我强烈希望这本书中概述的这个简单的"是！不。是？"框架能帮助你更容易地以积极有效的方式说"不"。

与你应对大多数挑战的方式一样，准备和练习都会有所帮助。事实上，一旦你练习了这个方法，你所需要的准备时间就会越来越少，有时只需要几秒。不过，一般来说，准备得越充分越好。

首先要更仔细地注意你是如何说"不"的。你的倾向是迎合、攻击还是回避，抑或是三者兼而有之？关注当你说"不"说得好的时候和说得不好的时候。你对谁说"不"最困难，对你的老板、你的孩子还是你年迈的父母？观察你说过的有害的"是"和有害的"不"。反思什么管用，什么不管用，再试一次。

持续练习。在有必要的情况下，每天至少说一次"不"是一个很好的练习。对于我们这些习惯迁就对方的人来说，去冒听起来不讨人喜欢、让人心烦意乱的风险是很重要的。记住，当事情真的很重要的时候，你有权说"不"——实际上，说"不"也是你对自己的责任。

如果你感觉做起来有困难，那就给自己找个教练，然后反复排练。如果你有一场重要的演讲或报告要做，你肯定会进行排练的。对你的老板、重要客户、配偶或孩子说"不"可能会是你做的最重要的演讲之一。所以，在朋友或同事身上试一试你的"不"，得到一些反馈，改进一下，再试一次。预见对方可能会对你的"不"做出的不同反应，并制订一个如何应对每一种反应的计划。你的朋友可以扮演另一方，你可以练习面对挑衅和压力不做出反应。一旦你听了并经历了人类的各种操控，你就更容易在现实生活中经受住它们。

在整个过程中，让你的朋友成为你的支持者。告诉他们，你要向他们说一个重要的"不"并坚持立场。全情投入。你的朋友可以帮助你克服说"不"的情绪阻力，如果对方给你施加压力要求你让步，朋友也可以支持你。

改变旧模式需要实践。幸运的是，我们每个人每天都有很多机会练习说"不"。把它想象成锻炼身体，你在锻炼你的积极的

"不"的肌肉。通过日常锻炼，你的肌肉会变得越来越强壮。通过练习和反思，任何人都可以在说"不"这门艺术上有很大的进步。

送出"不"的礼物

我们说"不"的方式有时看起来似乎微不足道，但随着时间的推移，它会对我们的生活、对我们周围其他人的生活乃至整个世界产生巨大的影响。

通过积极说"不"，我们送了自己一份礼物。我们在为我们想要的东西创造时间和空间。我们在保护我们珍视的东西。我们在使情况变得更好，同时也在留住我们的朋友、同事和客户。简而言之，我们是在做真实的自己。通过简单的日常练习，积极说"不"，我们在为我们的生活质量、我们工作中的成功和我们的家庭幸福做出贡献。这是我们欠自己的礼物。

你的"不"也可以是送给对方的礼物。"你可以对我说'是'，也可以对我说'不'，但我需要你现在就给我答复"是我经常从接收方那边听到的一句话。对方往往更喜欢一个明确的答案，即使答案是否定的，也不愿继续犹豫不决和含糊其词。如果你回答

"不",他们就可以继续前进,做出自己的决定。

事实上,一个积极的"不"可以拉近我们与对方的距离,使双方的关系更可靠。如果我们不说出真相——我们的"不",我们实际上可能会与对方变得疏远,因为在我们之间总有某件重要的事情没有说出来。我的一位暂时与妻子分居的朋友是这样说的:"我们需要从彼此之间的纠葛中解脱,才能重归于好。"后来他们发现,他们确实重新建立了联系,建立了更健康的关系。诚实和充满尊重的"不"对双方都有好处。

说"不"不仅是给我们自己和对方的礼物,也是给更大的集体的礼物。想象一下这样一个世界,在这个世界里,积极说"不"是常态,而不是例外。

在家里,知道如何对孩子说带着尊重的"不"的父母会看到冲突的破坏性小得多,他们的孩子也不那么娇生惯养,更快乐,因为孩子是在坚定、带着尊重的界限内长大的。那些处于麻烦关系中的人也会发现他们的婚姻和友谊有更大的成功机会。

在工作场所,知道如何说"不"的管理者和领导者在把握公司战略重点方面能做得更好。在财务和人力资源等部门,经常不得不对内部客户说"不"的人能够更有效地为组织的成功做出贡献。销售人员会知道何时以及如何对客户说"不",并且会在这样做时得到支持。每个人都将更有能力在工作和个人生活之间创造更健康的平衡。

在全世界，如果人们知道如何积极说"不"，他们就会以富有成效的方式为正确的事情挺身而出，从而带来建设性的解决方案。其结果可能是在开始时有更多的纷争，但最终战争会少得多，正义则多得多。

最后，地球母亲本人也将成为主要受益者，因为她的孩子们学会了如何对威胁自己和所有子孙后代赖以生存的自然环境的失控行为说"不"。

简而言之，生活会更快乐、更健康、更理智。

毫无疑问，积极说"不"需要勇气、远见、同理心、毅力、耐心和坚持。但它在每个人每天都能接触的范围内，而且它所能带来的潜在回报是巨大的。

通过改造"不"，并让它与"是"结合，我们可以为自己和周围的人创造更好的生活。在这个过程中，我们可以在正直、有尊严和相互尊重的基础上，为子孙后代建设一个更美好的世界。

你不必在说"不"和说"是"之间做出选择，而是可以两者兼得。

你可以说"不"……以积极的方式！

最后，我祝你们都能够获得那种只能凭借对自己的真诚和对对方的尊重才能达成的成功！

致谢

"你花了5年时间写这本书?"最近,我8岁大的女儿加布里埃拉难以置信地问我。

"是的。"我回答。

"相当于我的大半生?"她问。

"是的。"

"这有什么可说的?你所要做的全部就是说'不'。这很简单。"她说,"而且,你并没有一个抓人的开头。"

"抓人的开头是什么?"

"第一句话应该抓住读者的注意力。你的没有。"她说。

"啊。"这让我感到羞愧。

那些指出我们缺点的人都是我们最仁慈的老师,加布里埃拉当然也是我最善良的老师之一。我很感激我的每一位仁慈的老师在我撰写这本书的过程中所给予我的教诲。

首先我要感谢我在哈佛大学谈判项目中的同事们,该项目是我过去 25 年间的精神家园。我尤其感到幸运的是能够拥有我的导师们——罗杰·费希尔、弗兰克·桑德、霍华德·雷法,以及我早年的同事及好友戴维·拉克斯、吉姆·塞贝纽斯、布鲁斯·巴顿。我也要感谢董事长罗伯特·姆努金和常务董事苏珊·哈克利帮助我们维持并提升了这个项目。我还要特别感谢我的同事道格·斯通、丹尼尔·夏皮罗、梅利莎·曼纳林对本书原稿提出的无价的、敏锐的意见。

在这本书的创作过程中,对我帮助最大的就是与我一起在哈佛共事超过 10 年的同事乔舒亚·韦斯。从这本书启动开始,乔舒亚就在详细的研究过程中为我提供帮助,然后在这本书逐渐成形的过程中,他还仔细阅读了至少 7 个不同的版本,并提供了非常有帮助的反馈。作为一位才华横溢的教师,乔舒亚还在我写这本书期间和我一起设计了哈佛大学的高管研讨会。这世上恐怕只有我欠乔舒亚的人情能够超过我与他共事的愉悦了。

我也非常感谢唐娜·泽纳,她是我早期创作过程中令人愉悦的对话者、给了我许多启发的编辑,也是一个给了我相当多鼓励的朋友。而在稍后的阶段,路易丝·坦普尔和罗斯玛丽·卡斯滕斯也给了我非常多有启发性的评价和编辑帮助。

故事是传递观点的一种有力手段。因此,我也非常感谢伊丽莎白·多蒂,她是提炼人物故事的大师,她从自己的采访和经历中搜集了无数说"不"的案例,并且提供了相当多有价值又非常实用的反馈。我还想感谢坎达丝·卡彭特、亚历山德拉·莫勒、凯特·马利克的细致研究，以及凯蒂娅·博格在视觉呈现上所提供的艺术支持。

我的早期读者也在为提高这本书的可读性上扮演了重要的角色。马克·沃尔顿温和但坚定地强调简洁，这激发了我对神奇数字"3"的应用。我的姐姐伊丽莎白·尤里则以她敏锐的耳目给我提供了最初的标题以及贯穿始终的树的比喻。我还需要感谢我的朋友约翰·斯坦纳、乔·豪本霍弗、何塞·萨利比·内托、艾拉·奥尔特曼、马克·萨默和帕特里克·芬纳蒂所给予我的帮助。这本书还受益于我与我的朋友们马克·格尔森、戴维·弗里德曼、罗伯特·加斯、汤姆·达利、米奇·桑德斯、伯尼·迈耶、马歇尔·罗森堡在山间一次次充满启发性的漫步，还有与我的姐夫罗纳德·米勒在巴西森林中的徜徉。

在过去的两年中，作为我的行政助理，埃斯利娅·谢林以她高超的技巧和充沛的精力竭力捍卫了我的写作时间。我也要向我多年前的两位助理凯瑟琳·麦卡锡和克里斯蒂娜·奎斯特加德表示深深的感激。我还要感谢阿斯彭的好心人们为我提供了沐浴在阳光和大雪中的一个写作"避难所"。

没有任何一本书的成功少得了一名优秀的编辑。我极其有幸能与贝丝·拉什鲍姆共事，她细腻敏感的编辑触觉与让我加入更多个人经历的温柔敦促为这本书添色不少。向巴布·伯格表示感谢，谢谢她富有感染力的热情以及她对正确结构的灵敏度；向欧文·阿普尔鲍姆和妮塔·陶布利布表达感谢，谢谢他们对这本书的潜力所给予的信任。

我也从一位聪慧又亲切的书商雷夫·萨加林处受益不少，他与我的同事埃本·吉尔芬鲍姆和布丽奇特·瓦格纳一起，勤恳又专业地为这本书在美国以及世界其他各处找到了好的归宿。我对他们每一个人都感激不尽。

就个人而言，我还想对几个星期前去世的、我多年来的导师及家庭好友约翰·肯尼思·加尔布雷思表达最为深切的感激——感谢他慷慨的灵魂，以及他作为作家和教师所给予我的启发。我也必然不能忘记向我的朋友和老师普雷姆·巴巴表示谢意，感谢他在心灵与灵魂上珍贵的智慧。对他无数个小时的启发与思想洞察分享，我的感激无法估量。

我以家人开始了这段致敬，就让我再以家人结束。我何其有幸能够成为克里斯琴、托马斯和加布里埃拉的父亲，而他们与他们忠实的犬类朋友弗莱奇和米奇伴随着这本书一起成长，并将他们的个人经历赋予了这本书。在养育他们的过程中，我的妻子莉珊娜以完美的技巧成功在"是"（爱）与"不"（坚定立场）之间找到了平衡。我从她身上学到的秘诀是：坚定立场（"不"）并非爱（"是"）的对立面，它实际上来源于爱，并向爱靠拢。她正是我在说"不"的精巧艺术中最伟大的老师。我对她的爱与奉献的感激无以言表，因此我也全心全意地将这本书献给她。

最后，我还需要感谢我的长辈：我的父母梅尔文和贾尼丝，他们给予了我生命与爱；我的岳父岳母柯特和安纳莉丝，他们曾以开放的心胸接纳我成为他们家庭的一分子；以及我即将102岁的姑祖母戈尔迪恩，她很久之前就掌握了说"不"的秘诀——积极说"不"！

威廉·尤里

科罗拉多州博尔德

2006年6月

注释

前言

1. Stephen Labaton and Heather Timmons, "Shell's Report on Its Troubles Cites Discord at Top," *The New York Times,* April 20, 2004.
2. David Schnarch, *The Passionate Marriage* (New York: Henry Holt, 1997), p. 124. Schnarch 最初使用的化名是比尔。
3. 此句意指印度教三大主神，包括创世之神梵天、守护之神毗湿奴和破坏之神湿婆。
4. Ken Butigan, "Walking on the Water," Pace e Bene Nonviolence Service. 这篇文章可以在 http://www.paceebene.org/pace/nvns/essays-on-nonviolence/walking-on-the-water 上找到。

第一章

1. James Russell Lowell, "A Fable for Critics," *Selections from American Poetry: With Special Reference to Poe, Longfellow, Lowell and Whittier* (New York: The Macmillan Company, 1917), p. 276.
2. 这个故事有时指的是丝满市白银神社的传说。它被收录在丝满市的官方网站上，网址是 www.city.itoman.okinawa.jp/tourist_info/HTML/itoman08_e.html。
3. Jennifer Frey, "The Woman Who Saw Red; Enron Whistle-Blower Sherron Watkins Warned of the Trouble to Come," *The Washington Post,* January 25, 2002.
4. 关于詹姆斯·伯克的故事的更详细版本，参见 N. R. Kleinfield, "Tylenol's Rapid

Comeback," *The New York Times*, September 17, 1983。要了解更多关于泰诺信条的信息，参见 Steven Prokesch, "Tylenol: Despite Sharp Disputes, Managers Coped," *The New York Times*, February 23, 1986。

5. 引自亚伯拉罕·林肯于 1861 年 3 月 4 日星期一发表的首次就职演说。
6. 引自马哈特玛·甘地的一篇题为《剑的教义》的文章。这篇文章于 1920 年 8 月 11 日在《年轻的印度》上刊登。
7. Richard Attenborough, *The Words of Gandhi* (New York: Newmarket Press, 2001).
8. 这次采访的文字记录可以在 PRX Radio 网站上找到。"Regarding Gandhi (Peace Talks Radio Series)" http://www.prx.org/pieces/10606.

第二章

1. Miguel de Cervantes Saavedra, *Don Quixote de La Mancha* (New York: Random House, 1998), p. 1181.
2. 出自罗莎·帕克斯对小学生的问题的回答，Scholastic.com，1997 年 1 月和 2 月。采访记录可以在 http://content.scholastic.com/browse/article.jsp?id=5223 上找到。
3. 引自罗莎·帕克斯的传记。由图纳里公司在"非洲在线"上发布的全文可以在 http://www.africanaonline.com/rosa_parks.htm 上找到。
4. 参见前言注释 2。
5. Charles Fishman, "The Man Who Said No to Wal-Mart," *Fast Company,* January 2006.
6. Saul Alinsky, *Rules for Radicals* (New York: Vintage Books, 1989), p. 127.
7. 该故事源自美国联合通讯社的一篇文章《飞行员的建议：还击》，写于 2001 年 9 月 21 日。
8. Martin Tolchin, "U.S. Underestimated Soviet Force in Cuba During '62 Missile Crisis," *The New York Times,* January 15, 1992.

第三章

1. 这个故事被收录在 Ram Dass and Paul Gorman, *How Can I Help?* (New York: Alfred A. Knopf, 1996) p. 167。

2. 引自温斯顿·丘吉尔回忆录的精编版本 *Memoirs of the Second World War* (Boston: Houghton Mifflin, 1959), pp. 507–8。
3. Diane L. Coutu, "Negotiating Without a Net: A Conversation with the NYPD's Dominick J. Misino," *The Harvard Business Journal,* October 2002, R0210C.
4. Anni Layne, "Conflict Resolution: Stop, Look & Listen," *Fast Company,* August 1999.
5. Katrin Bennhold, "In Paris Suburbs, Anger Won't Cool," *International Herald Tribune,* November 4, 2005.
6. 更多关于丰田公司文化的信息，请访问该公司的网站 http://www.toyota.co.jp/en/vision/philosophy/。
7. From the documentary, "Talk to Me: The Hostage Negotiators of the NYPD" (Investigative Reports).
8. Nelson Mandela, *Long Walk to Freedom* (New York: Little, Brown and Company, 1994).
9. 对尊严在生活所有领域的重要性的明确阐述，参见 Robert Fuller, *All Rise: Somebodies, Nobodies, and the Politics of Dignity* (Berrett-Koehler, 2006)。
10. 这个完整的故事来自两篇文章，参见 "Restoring Disney's Magic: Michael Eisner's successor, Bob Iger, is off to a good start," *The Economist,* July 14, 2005. 另参见 Brent Schlender, "Pixar's Magic Man," published in *Fortune* on May 17, 2006, 了解故事的最新进展。
11. 故事由贝蒂·派克提供。可以查看她的网站 www.kindergarten-forum.com。
12. 引自一档广播节目 "The Paper Principle: Doing Well by Doing Good," from the "World of Possibilities Program," part of *The Mainstream Media Project*。
13. Troy Chapman, "Through My Enemy's Eyes," *Yes!,* Winter 2002.
14. "Anwar Sadat: Architect of a New Mideast," *Time Magazine,* January 2, 1978.

第四章

1. 参见理查德·贝克的纪念网站：http://www.manofthetrees.org/HTMLS/contactinfo.html。
2. *Long Walk to Freedom,* p. 368.
3. William Blake, *Songs of Innocence and Experience* (New Jersey: Princeton

University Press, 1991), p. 97.

4. Carol Tavris, *Anger: The Misunderstood Emotion* (Touchstone, 1989), p. 243.
5. 引自坎达丝·卡彭特于2004年对改变湾区训练师的采访。
6. Frances Moore Lappe, *You Have the Power: Choosing Courage in a Culture of Fear* (New York: Penguin, 2005), pp. 103–104.
7. Jim Collins, *Good to Great, Why Some Companies Make the Leap and Others Don't* (New York: Harper Collins Publishers, Inc., 2001), p. 31.
8. 出自鲍勃·伍尔夫与作者的私人通信，部分直接引用自 Bob Woolf, *Friendly Persuasion* (New York: Putnam, 1990), pp. 37–43。

第五章

1. 这次采访来自巴西圣保罗《午间新闻报》4A 页的一篇文章，发表于 2003 年 6 月 29 日。
2. 特定片段的时间码为 1:01:55:00—1:05:25:00，影片 ID 为 867.03，卡带 ID 为 31/74。可以通过 www.britishpathe.com 获取。
3. 有关改变湾区的更多信息，请查看他们的网站 www.impactbayarea.org/。
4. 参见第三章注释 4。

第六章

1. 关于黛安娜·纳什的故事，参见 Peter Ackerman and Jack Duvall, *A Force More Powerful* (New York: St. Martin's Press, 2000), p. 327。
2. *Long Walk to Freedom,* p. 324.
3. 我最喜欢的关于甘地的书之一是 William Shirer 的 *Gandhi, A Memoir* (New York: Simon & Schuster, 1979)。

第七章

1. Elisabeth Kübler-Ross, *The Economist,* September 2, 2004.
2. Philip Bofey, "Shuttle officials deny pressuring rocket engineers," *The New York Times,* February 27, 1986.
3. John Carlin, "Interview: Tokyo Sexwale," The Long Walk of Nelson Mandela, PBS,

May 1999.

第八章

1. 参见第六章注释 3。
2. Jim Lehrer, "Revisiting Waco," PBS, August 26, 1999.
3. Herman Melville, *Bartleby and Benito Cereno* (New York: Dover Publications, Inc., 1990), pp. 10–12.
4. March Gunther, "Crime Pays," *Fortune,* March 21, 2005.
5. Aristophanes, *Lysistrata* (New York: New American Library, 1964).
6. Cheryl Dahle, "Social Justice—Ernesto Cortes Jr.," *Fast Company,* November 1999.

第九章

1. 引自一篇采访文章：Scott S. Smith, "Let Him Entertain You," *American Way,* March 15, 2005, p. 64。
2. 参见第三章注释 3，p.7。
3. 参见第三章注释 8。这一段出现在第 617 页。
4. *Benjamin Franklin, The Autobiography of Benjamin Franklin.* (Philadelphia, Henry Altemus, 1895), p. 180.
5. William Shakespeare, *The Taming of the Shrew,* Act I, Scene 2 (New York: Washington Square Press, 1992), p. 69.

结语

1. 经允许转载。联系 www.YourTrueNature.com 或免费拨打 1-800-992-4769 获取产品和研讨会的信息。
2. Kevin Maney, "Tiny Tech Firm Does the Unthinkable," *USA Today,* June 11, 1997.